グリルド チーズ サンドイッチの世界ツアー

クリルチーズサンドイッチを自宅で作るための100の素晴らしくておいしいレシピ

エリック・ブレイアン

全著作権所有。

免責事項

この eBook に含まれる情報は、この eBook の著者が調査した戦略の包括的なコレクションとして機能することを目的としています。要約、戦略、ヒント、コツは著者による推奨事項にすぎず、この eBook を読んでも、結果が著者の結果を正確に反映しているとは限りません。電子ブックの作成者は、電子ブックの読者に最新かつ正確な情報を提供するためにあらゆる合理的な努力を払っています。著者およびその関係者は、発見される可能性のある意図的でないエラーまたは省略について責任を負いません。電子書籍の資料には、第三者による情報が含まれる場合があります。第三者の資料は、その所有者によって表明された意見で構成されています。そのため、eBook の作成者は、第三者の資料や意見に対して責任を負わないものとします。

eBook の著作権は © 2021 にあり、無断複写・転載を禁じます。この電子ブックの全体または一部を再配布、コピー、または派生物を作成することは違法です。このレポートのいかなる部分も、著者から明示および署名された書面による許可なしに、いかなる形式でも複製または再送信することはできません。

目次

- 目次 3
- 前書き 7
  - グリルド チーズ サンドイッチが人気の理由 7
  - 焼きチーズサンドウィッチを作る 8
  - チーズの選び方 8
- 焼きチーズ 15
  1. リコッタグラノーラ クランブル グリル チーズ 16
  2. ラザニア グリルチーズ 19
  3. イタリアンクラシックグリルチーズ 22
  4. 地中海風ミートボールのチーズ焼き 25
  5. ほうれん草のペストとアボカドのグリルチーズ 28
  6. ストロベリーバジルプロシュートグリルチーズ 31
  7. 。リコッタバターとジャムのチーズ焼き 33
  8. バッファローチキングリルチーズ 35
  9. ベジピザグリルチーズ 38
  10. チキン＆ワッフルグリルチーズ 41
  11. チェダー＆サワードウグリルチーズ 44
  12. グリルチーズサンドイッチ 47
  13. パンにのせたほうれん草とディルのハバーティ ... 49
  14. ライ麦のジャックのグリル マスタード添え 52
  15. パン・オ・ルヴァンのラディッキオとロックフォール 55
  16. ライ麦のガーリックグリルチーズ 58
  17. ブリティッシュ メルトチーズ＆ピクルス 61
  18. フレッシュモッツァレラ、生ハム、イチジクジャム 63
  19. レアローストビーフ ブルーチーズ添え 66

20. レッドレスターとオニオン 68
21. パンにのせたほうれん草とディルのハバーティ 71
22. オープングリル チェダーとディルのピクルス 74
23. ハリーズバースペシャル 76
24. クロスティーニ アッラ カルネヴァーレ 79
25. オリーブのブルスケッタ 82
26. ブルーチーズとグリュイエールのカッセ・クルート 85
27. シャキッとしたトリュフのコンテ 黒アンズタケ添え 88
28. 山羊のチーズ トースト スパイス添え 92
29. ロックフォール サンドイッチとビーツ マーマレード 95
30. イビサ島のボカディージョ 99
31. クラブグリルサンド 103
32. ウェールズレアビットのポーチドエッグ添え 107
33. ハムとチーズとパイナップルのグリル 110
34. ホット・マファレッタ 113
35. キューバのサンドイッチ 116
36. パリ風焼きチーズ 120
37. イビサ島のボカディージョ 122
38. オリーブパンにトマトとマホンチーズ 125
39. エメンタールと梨のサンドイッチ 128
40。 プンパーニッケルとゴーダのグリル 131
41. ブラックオリーブパンのマホンチーズ 134
42. 七面鳥の燻製、タレッジョ、ゴルゴンゾーラ 137
43. サワードウに溶かしたヤールズバーグ 140
44. チキン、ケソフレスコ、ゴーダのトルタ 143
45. 茄子のパルミジャーナのパニーニ 147
46. 焼き茄子とショーム、 151
47. パン オル ヴァンのマッシュルームととろけるチーズ 155

48. ケッパーとアーティチョークを添えたシチリアのシズルチーズ 159
49. スカロピーネとペストのサンドイッチ 162
50. ケサディーヤ、ピアディン、ピタ サンドイッチ .166
51. モッツァレラ、バジル・ピアディン 169
52. かぼちゃのトルティーヤのケサディーヤ 172
53. ペパロニ、プロヴォローネ、ペコリーノのピタ！ 176
54. グリルした羊のチーズ ケサディーヤ 179
55. チェダーチーズのグリル、チャツネ、ソーセージ 181
56. 生ハムとイチジクのタレッジョ オン メスクラン.184
57. ルッコラ、水菜、梨のフォンティーナ 187
58. サラダのシェーブル サンドイッチ 190
59. ライムとシズル ハルーミ サンドイッチ 193
60. トリュフトーストとルッコラのサラダ 196
61. いちごとクリームチーズのトースト 199
62. ブレッドプディングサンドイッチ 202
63. グレーン＆チーズバーガー 206
64. ブラックアンガスバーガー チェダーチーズ添え .209
65. グリルしたアメリカン チーズとトマトのサンドイッチ 212
66. リンゴとチーズのグリル 214
67. 茄子とチーズの包み焼き 216
68. ブルーチーズのグリル サンドイッチ クルミ添え.219
69. グリルチェダーチーズとハムのサンドイッチ 222
70. パーティー チーズとベーコンのグリル 225
71. グリルチーズのブルスケッタ 227
72. グリルチーズゴブラー 229
73. チーズのグリル フレンチトースト 231
74. 焼きチーズパン 233
75. グリルチーズサンドパイ 235

- 76. アーティチョークとチーズのグリル 238
- 77. オリバダ入りチーズのグリル 240
- 78. 七面鳥の燻製とアボカドを添えたチーズのグリル 242
- 79. 山羊のチーズトーストにグリルチキン 245
- 80. グリルチーズチポトレサンド 248
- 83. 鶏むね肉のダブルチーズ焼き 251
- 84. ビーフフィレのブルーチーズ焼き 254
- 85. 焼きおばけとカボチャのチーズサンド 258
- 86. 焼きたてのぶどうの葉で焼いたヤギのチーズ 262
- 87. イタリアングリルチーズ 265
- 88. オープンチーズ＆トマトサンド 267
- 89. サワードウ、トマト、レッド＆ブルーチーズ 269
- 90. ポートベロー ポーボーイズ 272
- 91. ずさんなブルガーサンドイッチ 275
- 92. マファレッタ サンドイッチ 278

おかず 281

- 93. トマトスープ 282
- 94. ズッキーニと夏カボチャのパン 285
- 95. 甘酸っぱい焼きピーマン 288
- 96. チャツネカレーマスタード 291
- 97. エシャロットとチャイブのマスタード 293
- 98. 生姜マスタード 295
- 99. 太陽が降り注ぐマスタードとシトラス 297
- 100. 赤唐辛子とニンニクを添えたプロヴァンスのマスタード 299

結論 301

前書き

グリルドチーズサンドイッチが人気の理由

フライパンでカリカリに焼いたり、オープンフェイスでとろけるように焼いたり、グリルチーズサンドイッチほど魅力的なものはほとんどありません．

こんがりと焼き色がついたトーストは、かじると外側がカリッと焼け、柔らかく熱々のチーズがにじみ出てきます。とろける温かいチーズの層が入った素朴なパンのバターのようなサクサク感と、禁じられたものとおなじみのものの両方の喜びと身震いが殺到します。チーズとバターを塗ったトーストは、最近では食生活の贅沢かもしれません。それでも、グリルチーズサンドイッチは、快適な毛布と同等の料理です．グリル チーズ サンドイッチはおそらく、あなたの母親があなたに与えたものであり、あなたの学校があなたに与えたものであり、あなたの子供時代があなたに与えたものです．そして、少なくとも時折、それはあなた自身や親しい友人や家族に与えるものかもしれません．

グリルド チーズ サンドイッチは、最も簡単に作ることができるものの1つです。キッチンにある材料を使って、ほぼいつでも数分以内に作ることができます。朝食、昼食、夕食、放課後、深夜のおやつなど、あらゆる場面でグリルド チーズ サンドイッチがぴったりです。

焼きチーズサンドウィッチを作る

特別なギズモは実際には必要ありませんが、中にとろけるチーズを入れて外をカリカリにする気の利いたギズモがいくつかあります。イタリアのパニーニ、キューバのサンドイッチ、ボカディロ、昔ながらのグリルチーズに最適な、ファットロールをつぶすプレスがあります。そして、パンの外側の端をきつく、きつく、非常にきつく一緒に押して、溶けたホットメルトチーズを囲むサンドイッチメーカーがあります。（後者は60年代に英国で非常に人気がありました。1つの家庭はなかったと言われています。）しかし、実際には、フライパンで焼き色を付けたグリルチーズサンドイッチとブロイラーには、良い重いスキレット（できれば焦げ付き防止）が適しています。オープンフェイスのものに最適です。

グリルド チーズ サンドイッチは焼きたてのパンとチーズに過ぎませんが、ちょっとした装飾でまったく別の次元へと連れて行ってくれます。

そのようなぱりっとした、金色の、にじみ出るような誘惑に抵抗できる人はほとんどいません。私は決してできないことを知っています。

チーズの選び方

チーズを選ぶ際の主な基準は、とろけるかどうかです。

すべてのチーズが溶けるわけではありません。パネラなどのヒスパニックチーズは溶けません。キプロスのアナリ、ハロウミ、または私がかつてアッシジで食べた直火でローストしたようなイタリアの山のチーズもそうではありません。そのようなチーズは、それ自体でジュージューと音をたてて美味しく食べられますが、グリルド チーズ サンドイッチでは役に立ちません。

一方、非常にクリーミーなチーズは、風味が繊細で柔らかくビロードのような食感で、すでにほとんど溶けています。彼らは、グリルド チーズ サンドイッチの中にその個性と誠実さを保っていません。それらを別のより固く、より断定的で、より生意気なチーズと組み合わせてください。

ほとんどの固いスライス可能なチーズは、焼き物に適しており、同様の特性を持つ他のチーズと交換可能に使用できます。

選択に役立つように、味と食感によって分類されたチーズの種類のミニガイドを次に示します。

> A. **UNRIPPENED CHEESES** は、熟成プロセスを経ていません。これらには、カッテージ チーズ、クリーム チーズ、マスカルポーネ、ソフト ゴート チーズ、フロマージュブラン、クォーク、インディアン パニール、ロビオラ、スペインおよびヒスパニック系のレクソン、リコ

ッタ、または単純なヨーグルト チーズ、ラブナが含まれます。それらはマイルドで乳白色で柔らかいです。グリルド チーズ サンドイッチに使用すると、制御不能になる傾向があるため、より硬く、より丈夫なチーズと組み合わせる必要があります。

B. 一方、フレッシュモッツァレラは、ピザスタイルの魅惑的なモッツァレラチーズにとろけるように作られました。トマト、ガーリック、イタリアン フレーバー、メキシカン サルサ、またはインドのカレー スパイスとよく合います。

C. フェタ チーズは、圧縮されたカードから作られたセミフレッシュ チーズです。部分的に溶け、ジャックやモッツァレラチーズなどの他のより溶けやすいチーズと組み合わせると、グリルチーズサンドイッチで美味しくなります.

D. ダブルとトリプルのクリームチーズは、クリームがたっぷり入っています。グリルド チーズ サンドイッチの場合は、フライパンで調理するよりも、単純にホット トーストに重ね、トーストの熱でやさしく溶かすのが最適です。

E. 当たり障りのない、マイルドで溶けやすいチーズは、風味がマイルドで、柔らかくしなやかで、やや固いテクスチャーです。リストには、オランダのエダムとゴーダ、ヒスパニック系のメノニタとアサデロ、ベル パエーゼ、ミュンスター、および国内またはデンマークが含まれ

ます。プロヴォローネ、プロヴァチュラ、スカモルツァはすべてマイルドなイタリアのチーズで、多くの場合、古典的なローマのグリルチーズのおやつになります。

F. 柔らかく熟した風味豊かなチーズには、ルブロション、トム、ショーム、トム ド モンターニュ、修道院のチーズが含まれます。ヨーロッパの修道院で何世紀にもわたって開発されたもので、**Port Salut**、**Saint Paulin**、**Esrom**、**Tilsit**、および **Havarti** が含まれます。彼らは豊かで繊細です。**Taleggio** や **Stracchino** ファミリー全体のように、非常にリッチで非常に臭い (ただし美味しい) カテゴリに移行するものもあります。

G. スイススタイルのチーズは通常、熟成期間中のチーズカード内のガスの膨張によって引き起こされた穴が点在する堅固な外皮と内部を持っています。

H. しっかりとしたフルフレーバーのチーズは黄金色で風味豊かですが、臭くはありません。これらのチーズは美味しく溶けます。それらは、牛、山羊、または羊の乳、または3つすべての組み合わせである可能性があります。スパニッシュ マンチェゴ、ミディアム アジアーゴ、マオン、熟成ゴーダ、イディアサバル、オッソー イラティ ブレビス、イタリアン フォンティーナ、カチョカバロ、モンタージオ、トム ド

サヴォワ、イグ ヴェラの美味しいメゾセッコ、または部分的に熟成したソノマ ジャックなど、すべて探す価値があります。

I. チェダー スタイルのチーズは、世界で最も広く作られているチーズの1つです。チーズの良い例は、歯ごたえがしっかりしていて、クリアでまろやかな味です。若いとき、チェダーはマイルドで柔らかく、ややゴムのようです。成熟するにつれて、鋭くピリッとした噛み心地と、乾いたもろさの要素が生まれます。

J. グロスター、チェシャー、レスター、ランカシャー、ダービー、ウェンズリーデール、ケアフィリーなどの英語のチーズはすべてチェダーファミリーに属します。ただし、ウェンズリーデールとケアフィリーは、ピリッと砕けやすく、溶けにくくなっています(グリルド チーズ サンドイッチ用のクリーミーなチーズと組み合わせてください)。

K. パルメザン、熟成アジアーゴ、ロテッリ ロマーノ、ペコリーノ(羊の乳から作られる)などのエクストラ ハード チーズ、コファロティリ、グラナ、ドライ ジャック、スブリンツ、コティヤ、エンチラードなどのギリシャの島々のマウンテン チーズはすべて、非常に優れたチーズとして知られています。硬めの食感と、力強くキレのある味わい。パルメザンチーズなど、わずかにナッツの風味があるものもありま

す。これらのチーズのほとんどは、最適な溶解性を得るために、細かくすりおろしたり削ったりする必要があります。

L. 青筋チーズは、青、青緑、または緑の筋が入った果肉と、刺激的な香りとピリッとした風味が特徴です。

M. カマンベール、ブリー、クーロミエ、アフィノワ/パヴェ・ダフィノワなどのブルーミーまたは花の皮のチーズは、ペニシリウム候補胞子で処理された結果、表面に成長する軽くて綿毛のような白い外皮にちなんで名付けられました。これらのチーズの内部は柔らかく、干し草の色、または濃厚なクリームでなければなりません。

N. 山羊チーズと羊チーズは、牛乳のチーズとは明らかに味が異なります。一般的に、彼らは納屋の匂いがします。それらは新鮮でピリッとしたもの、または形成されてさまざまな形やサイズに熟成されている場合があります。

O. スパイスまたはフレーバーチーズは、チーズボードの上では生意気で下品かもしれませんが、パンのカバーの間で完全に溶けています.

P. スモークチーズは、木の煙で処理されたあらゆる種類のチーズです。プロボローネとモッツァレラチーズはどちらも喫煙に適しています(バルサミコ酢を少し入れたカラメル玉ねぎのサンドイッチに特に適しています)。

Q. リンブルガー、悪臭を放つビショップ、マロイルズ、リヴァロ、ポン レヴェック、エポワスなどの強い香りのチーズは、すべてのグリルド チーズ サンドイッチに社交的な追加ではないかもしれませんが、黒いパンパーニッケルの薄いスライスと紙のように薄いスライスのタマネギ、またはトーストしたバゲットの上に重ねます。

R. プロセスチーズは、通常、1種類または2種類の異なるチーズをブレンドし、回転させて加熱します。その結果、その熟成プロセスが停止します。個性を生み出す微生物は加工の過程で失われてしまうため、決して個性を発揮することはできません。

焼きチーズ

1. リコッタ グラノーラ グラオレグルチーズ

材料：

- 15 オンス。リコッタチーズ
- 卵 4 個
- 牛乳 1/2 カップ
- パンチェッタ 8 切れ
- 赤玉ねぎ 小 1 個、薄切り
- 柔らかくしたバター 大さじ 5
- ブラウンシュガー 1/2 カップ
- グラノーラ 2 カップ
- シナモン渦巻きパン 8 枚

方向；

a) 卵を牛乳で泡立て、取っておきます。

b) 予熱したフライパンにパンチェッタを入れ、中火でカリカリになるまで炒める。取り外して脇に置きます。

c) バター大さじ 1 と一緒に予熱したフライパンに玉ねぎを入れます。玉ねぎがしんなりしてきたら砂糖を加えてしんなりするまで炒める。

d) グラノーラをボウルに入れ、エッグボウルの横に置きます。

e) パンのスライスを並べ、各スライスの片面にバターを広げます。合計大さじ 2 のバターを使用します。バターを塗っていない側に、リコッタチーズを厚く塗ります。

f) リコッタチーズの上に玉ねぎとパンチェッタをのせ、残りのパンをかぶせます。閉じたら、サンドイッチ全体を卵の混合物に浸し、グラノーラに移してすべての面を完全にコーティングします．

g) 焦げ付き防止加工のフライパンを予熱し、大さじ 2 杯のバターを弱火から中火で溶かします。バターが溶けたら、サンドイッチを加え、へらで押さえながら約 90 秒間調理します。裏返してカリカリになるまで繰り返します。取り出してカットしてお召し上がりください。

2. ライ麦グリルチーズ

材料:

- 16 オンス。モッツァレラ、薄切り
- 15 オンス。リコッタチーズ
- すりおろしたパルメザンチーズ 大さじ 2、黒コショウ小さじ 1/2
- 小さじ 1 杯の生にんにくのみじん切り
- 16 オンス。牛ひき肉
- ブレンドしたフレッシュバジル 大さじ 1
- イタリアパン 8 切れ
- 柔らかくしたバター 大さじ 2
- ガーリックパウダー 小さじ 1
- 16 オンス。トマトソース、分割

方向:

a) ボウルにリコッタチーズ、パルメザンチーズ大さじ 1、黒コショウ、にんにく、バジルを入れて混ぜる。脇に置きます。

b) 大きなフライパンを中火から強火にかけます。牛ひき肉が完全に焦げ目がつくまで、約 7～10 分炒めます。

c) パンを並べ、片面にバターを塗り、ガーリック パウダーと残りのパルメザンチーズをまぶします。

d) 4 ピースのバターを塗っていない側に、リコッタ チーズの混合物を広げます (各ピースに大さじ 1～2 杯)。調理した牛ひき肉をリコッタ チーズの上に重ね、続いてモッツァレラチーズのスライスを重ねます。残りの 4 枚にトマトソース大さじ 1～2 を塗り、モッツァレラチーズをのせてサンドイッチを閉じる。

e) 中火に熱したフライパンに移し、ヘラで押さえながら約 90 秒加熱する。裏返して、チーズが溶けてきつね色になるまで繰り返します。

f) 取り出してカットし、残りのトマトソースを添えて、サンドイッチをディップまたはカバーします。

3. イタリアンクラシックグリルチーズ

材料：

- 16 オンス。モッツァレラ、薄切り
- すりおろしたパルメザンチーズ 大さじ 2
- ソーセージパテ 4 枚
- ピーマン 1 個（薄切り）
- 1 赤ピーマン、薄くスライス
- 玉ねぎ 1 個（薄切り）
- オリーブオイル 1/4 カップ
- ガーリックパウダー 小さじ 3/4
- イタリアパン 8 切れ
- 柔らかくしたバター 大さじ 2

方向：

a) ソーセージパテをグリルまたはグリルパンで内部温度が華氏 165 度になるまで調理します。

b) スライスしたピーマンと玉ねぎを天板に並べます。軽く油をまぶし、ガーリックパウダーをまぶす。柔らかくなるまで、華氏 375 度で 10 分間焼きます。

c) 食パンを並べ、片面にバターを塗る。バターを塗った面にガーリック パウダーとパルメザン チーズで味付けします。

d) バターを塗っていない面に、モッツァレラチーズのスライス、ソーセージ パテ、ピーマン、玉ねぎを重ね、最後にさらにモッツァレラチーズをのせます。

e) サンドイッチを閉じ、焦げ付き防止のフライパンに中火で置きます。ヘラで押さえながら約1分加熱する。

f) 裏返して、チーズが溶けてきつね色になるまで繰り返します。取り出してカットしてお召し上がりください。

4. 地中海風ミートボールのチーズ焼き

材料:

- 16 オンス。モッツァレラ、薄切り
- 15 オンス。リコッタチーズ
- パルメザンチーズ 大さじ 2
- 厚切りイタリアパン 8 枚
- 柔らかくしたバター 大さじ 2
- 16 オンス。トマトソース
- 4 オンス。ペストソースまたは 12〜16 枚の新鮮なバジルの葉、1/4 カップのオリーブオイルとブレンド
- 新鮮なミント 2 小枝 (約 12 〜 16 枚の葉)、みじん切り
- 8〜2 オンス。冷凍ミートボール（調理済み）、スライス

方向:

a) 食パンを並べます。それぞれの片面にバターを塗り、大さじ 1 杯のパルメザンチーズをバターの面にまぶします。

b) ひっくり返して、バターを塗っていない面にトマトソースとリコッタ チーズの厚い層を広げます。チーズの上にペストをのせ、刻んだミントと残りのパルメザンチーズをのせます。次に、ミートボールのスライスを重ね、モッツァレラチーズをのせます。

c) サンドイッチを閉じて、中程度に予熱した焦げ付き防止のフライパンに移します。ヘラで押さえながら約 90 秒加熱する。裏返して、チーズが溶けてきつね色になるまで繰り返します。取り出してカットしてお召し上がりください。

5. ほうれん草のペストとアボカドのグリルチーズ

材料：

- 16オンス。モッツァレラ、薄切り
- 15オンス。リコッタチーズ
- すりおろしたパルメザンチーズ 大さじ1
- 細かく刻んだフレッシュバジル 大さじ2
- マーブルライ麦パン 8枚
- 柔らかくしたバター 大さじ2
- 1-8オンス。解凍して水気を切った冷凍ほうれん草のパッケージ
- アボカド(熟したもの)2個、種を取り、スライスする

方向：

a) 小さなミキシング ボウルに、リコッタ チーズ、ペストチーズ、パルメザン チーズを混ぜ合わせ、混ざるまでフォークで混ぜます。たたむとリコッタチーズがふんわり。脇に置きます。

b) 食パンを並べ、片面にバターを塗る。

c) 4つのスライスのバターを塗っていない側に大さじ1～2杯のリコッタチーズの混合物を広げます．

d) ほうれん草を砕いてリコッタチーズ側に並べ、続いてアボカドとモッツァレラチーズを並べます。

e) サンドイッチを閉じて、予熱した中程度の鍋に入れます。ヘラで押さえながら約 **90** 秒加熱する。裏返して、チーズが溶けてきつね色になるまで繰り返します。取り出してカットしてお召し上がりください。

6. ストロベリーバルサミコグリルドチーズ

材料：

- 12 オンス。スライスしたフレッシュモッツァレラチーズ
- 厚切り食パン 8 枚
- 柔らかくしたバター 大さじ 2
- 8 新鮮なイチゴ (ミディアムからラージ)、薄くスライス
- 12 枚の新鮮なバジルの葉、丸ごと
- 生ハム 8 切れ、薄切り
- 2 オンス。バルサミコ釉

方向：

a) 片面にパンとバターを並べます。

b) バターを塗っていない側に、新鮮なモッツァレラチーズ、イチゴ、バジルの葉、生ハムを重ねます。バルサミコ釉をかけます。残りのパンを上に置き、予熱したテフロン加工のフライパンに移します。ヘラで押さえながら約 1 分加熱する。ひっくり返して、きつね色になるまで繰り返します。

c) 取り出し、必要に応じてバルサミコ酢を上からかけ、カットしてお召し上がりください。

7. リコッタチーズとジャムのチーズ焼き

材料：

- 15オンス。リコッタチーズ
- アーモンドバター 大さじ4
- 蜂蜜 小さじ2
- パンチェッタ12枚（ベーコンで代用可）
- 厚切り食パン8枚
- 柔らかくしたバター 大さじ2
- いちごジャムまたはゼリー 大さじ8

方向

a) 小さなミキシング ボウルで、アーモンド バター、蜂蜜、リコッタ チーズを混ぜます。脇に置きます。

b) パンチェッタをカリカリになるまで茹でる。

c) 食パンを並べ、片面にバターを塗る。パンをひっくり返し、バターを塗っていない面にリコッタ チーズとアーモンド バターの混合物を塗り、続いてゼリーとジャム、パンチェッタを塗ります。

d) サンドイッチを閉じて、弱火から中火で予熱した鍋に移します。

e) 約90秒間調理し、ヘラで押し下げて裏返し、きつね色になるまで繰り返します。取り出してカットしてお召し上がりください。

8. バッファローチキングリルチーズ

材料：

- 16 オンス。モッツァレラ、薄切り
- 4～4 オンス。骨なし鶏胸肉のスライス 1/4 カップの植物油 1/2 カップのホットソース
- セロリ 1 本（小）
- にんじん 1 本（小）
- 白パン 8 切れ
- 柔らかくしたバター 大さじ 2
- ブルーチーズドレッシング 1 カップ

方向

a) 皿に鶏肉を並べます。両面に油を塗り、予熱したグリルまたはグリルパンに並べる。約華氏 165 度の内部温度まで調理します。片面 3 分。グリルから取り出し、ホットソースに入れる。脇に置きます。

b) セロリを小さく切る。にんじんの皮をむき、おろし金で削る。

c) 食パンを 8 枚用意し、片面にバターを塗り、もう片面にブルーチーズを塗る。ブルーチーズ側に、モッツァレラチーズ、チキン、セロリ、ニンジンを重ね、さらにモッツァレラチーズで仕上げます。

d) 残りのパンをのせて中火にかけた焦げ付き防止のフライパンにのせます。ヘラで押さえながら約1分加熱する。

e) 裏返して、チーズが溶けてきつね色になるまで繰り返します。取り出してカットしてお召し上がりください。

9. ペピザグリチーズ

材料:

- 16 オンス。モッツァレラ、薄切り
- 15 オンス。リコッタチーズ
- パルメザンチーズ 大さじ 4
- ナス 1 個（小）
- 赤ピーマン 2 個
- 1 ズッキーニ、大
- オリーブオイル 3/4 カップ
- 小さじ 1 杯の生にんにくのみじん切り
- 4 〜 8 インチのピザクラスト、調理済み
- 新鮮なローズマリー 1 小枝、茎を取り、細かく刻む

方向

a) オーブンを華氏 375 度に予熱します。

b) 茄子の皮をむき、1/4 インチのスライスに切ります。ピーマンとズッキーニを 1/4 インチのスライスに切ります。天板に野菜を並べ、オリーブオイルを薄く塗る。375 度のオーブンで 15 〜 20 分、柔らかくなるまで焼きます。

c) ボウルにリコッタチーズ、にんにく、パルメザンチーズの半分を加え、フォークで混ぜ合わせます。たたむとリコッタチーズがふんわり。脇に置きます。

d) 焼きあがったピザ生地を広げ、残りのオリーブオイルを薄く塗る。片面に刻んだローズマリーと残りのパルメザンチーズをふりかける。ひっくり返して、味付けしていない面にリコッタチーズのミックスを広げます。脇に置きます。

e) 野菜が完成したら、ナス、ズッキーニ、ピーマンをクラストのリコッタチーズの半分に置き、続いてモッツァレラチーズを置いてサンドイッチを組み立てます.弱火から中火で予熱したフライパンまたは焦げ付き防止のフライパンに閉じて置きます。パンがクラストよりも大きいことを確認してください。

f) ヘラで押さえながら約 **90** 秒加熱する。ひっくり返し、きつね色になり、チーズが完全に溶けるまで繰り返します。取り出してカットしてお召し上がりください。

10. チキン&ワッフルグリルチーズ

材料:

- 16 オンス。モッツァレラ、薄切り
- 薄く切ったパンチェッタ 12 枚
- メープルシロップ 大さじ 1
- マヨネーズ 1/2 カップ
- 新鮮な桃 2 個 (または水気を切った桃の小さな缶 1 個)
- 冷凍ワッフル 8 枚
- 柔らかくしたバター 大さじ 2
- 4~4 オンス。骨なし鶏の胸肉
- 小麦粉 1 カップ
- バターミルクランチドレッシング 1 カップ
- 植物油 2 カップ

方向

a) 焦げ付き防止のフライパンでパンチェッタを少しカリカリになるまで調理します。

b) シロップとマヨネーズを混ぜ合わせ、ひとまとめにする。

c) 桃を薄切りにする。

d) ワッフルを並べ、片面にバターを塗る。ワッフルのバターを塗っていない面にマヨネーズ ミックスをひっくり返します。

e) 鶏肉に小麦粉をまぶしてから、牧場のドレッシングに浸し、小麦粉に戻します。

f) フライパンにサラダ油を中火で熱し、鶏肉を両面焼き色がつき、内部温度が165度になるまで焼く。

g) ワッフルのマヨネーズ側に、モッツァレラチーズ、チキン、パンチェッタ、桃を重ね、さらにモッツァレラチーズと別のワッフルで仕上げます。

h) 焦げ付き防止のフライパンを中火にかけ、へらで押さえながら1分間調理します。裏返して、チーズが溶けてきつね色になるまで繰り返します。取り出してカットしてお召し上がりください。

11. チェダー&サワードウグリルチーズ

1食分

材料:

- サワー種のパン 2 枚
- 無塩バター 大さじ 1½
- マヨネーズ 大さじ 1½
- チェダーチーズ 3 切れ

方向

a) まな板の上で、パンの片面にバターを塗ります。

b) 食パンをひっくり返し、マヨネーズを一枚ずつ塗る。

c) 1枚のパンのバターを塗った面にチーズを置きます。2枚目の食パンをマヨネーズ面を上にしてのせます。

d) 焦げ付き防止のフライパンを中弱火で加熱します。

e) マヨネーズ面を下にして、サンドイッチをフライパンに置きます。

f) きつね色になるまで、3~4分間調理します。

g) スパチュラを使用して、サンドイッチをひっくり返し、きつね色になるまで約2〜3分調理を続けます。

12. グリルチーズサンドイッチ

収量 2

材料：

- 白パン 4切れ
- バター 大さじ 3
- チェダーチーズ 2切れ

方向

a) フライパンを中火で予熱します。

b) 食パンの片面にバターをたっぷり塗る。パンのバター面を下にしてフライパンの底に置き、スライスしたチーズを 1 枚追加します。

c) 2 枚目の食パンの片面にバターを塗り、バター面を上にしてサンドイッチの上に置きます。

d) 軽く焦げ目がつくまでグリルし、ひっくり返します。チーズが溶けるまで焼き続けます。

e) 残りの 2 枚のパン、バター、スライス チーズで繰り返します。

13. パンにはさむほうれん草とディルのメパティ

奉仕する 4

材料:

- イタリアン カントリー スタイルの白パンの薄切り 8 枚
- 白トリュフペーストまたは他のトリュフまたはトリュフポルチーニ 大さじ 3〜4 杯
- 4 オンスのタレッジョ チーズ、スライス
- スライスしたフォンティーナ チーズ 4 オンス パンに塗るソフト バター

方向

a) 食パンの片面にトリュフペーストを薄くぬる。タレッジョとフォンティーナを 4 枚の上にのせ、それぞれにトリュフ ペーストを塗ったパンをのせます。

b) 各サンドイッチの外側にバターを軽く広げ、パニーニ プレスまたは厚手のノンスティック スキレットを中火から強火にかけます。

c) パンがカリッと黄金色になり、チーズが溶けるまで、サンドイッチを 1 〜 2 回ひっくり返しながら焼き色を付けます。

d) トリュフの香りとにじみ出るとろけるチーズを、4 分の 1 または可憐なバーにカットして、すぐにお召し上がりください。

14. ジャック・オン・ライのがりゅうら入り

奉仕する 4

材料：

- グリーンオリーブのタプナード 大さじ 2
- マイルドディジョンマスタード 大さじ 3
- ライ麦パン 8 切れ
- 8-10 オンスのジャック チーズ、または他のマイルド ホワイト チーズ (Havarti や Edam など)、スライス
- パン磨き用オリーブオイル

方向

a) 小さなボウルでタプナードとマスタードを混ぜます。

b) パンを並べ、片面に 4 枚のスライスを広げ、タプナード マスタードだけを味付けします。チーズと 2 枚目の食パンをのせ、よく押さえます。

c) 各サンドイッチの外側にオリーブ オイルを軽く塗り、サンドイッチ メーカー、パニーニ プレス、または焦げ付き防止のフライパンで焼き色を付けます。重み付けサンドイッチが茶色になるまで押します。

d) 中火で表面がカリッと焼き上がり、中のチーズがとろけるまで焼きます。
e) 熱々でジュージューと焼けるような黄金色の焼き色でお召し上がりください。

15. ラディッキオとロックフォールのオルヴァン

奉仕する 4

材料：

- 6～8オンスのロックフォールチーズ
- パン・オ・ルヴァンまたはサワー種のパンの薄切り 8 枚
- 粗く刻んだペカンのトースト 大さじ 3
- ラディッキオの大きな葉 4～8 枚
- ブラッシング用のオリーブオイル、またはパンに塗るソフトバター

方向

a) 8枚の食パンすべてにロックフォールチーズをまんべんなく塗る。

b) チーズスプレッドスライス 4 枚にピーカンナッツをふりかけ、それぞれにラディッキオ 1～2 枚をのせます。端を覗くのに十分な葉を使用します。2 枚目のチーズスプレッドパンをそれぞれの上に置き、一緒に押して密封します。油またはバターで外側をブラッシングします。

c) 厚めのノンスティック スキレットまたはパニーニプレスを中火から強火にかけます。パンのサイズに応じて、2 つのバッチで作業しながら、サンドイッチをパンに配置します。に従って重量を下げ

るヒント、パンがカリカリになり、チーズが溶けるまで、**1〜2**回回転させて調理します。

d) すぐにサーブし、半分または四分の一に切ります。

16. ライ麦ガーリックグリルチーズ

奉仕する 4

材料：

- サワー種のライ麦パンの大きくて厚いスライス 4 枚
- にんにく 4 片（半分に切る）
- 薄切りまたは砕いたフェタチーズ 4～6 オンス
- みじん切りの新鮮なチャイブまたはねぎ 大さじ 2 杯
- ジャック、ミディアム アジアーゴ、ショーメなどのマイルドな白いとろけるチーズ 約 6 オンスの薄切りまたは千切り

方向

a) ブロイラーを予熱します。
b) ブロイラーの下の天板でパンを軽くトーストします。にんにくで両面をこする。残ったにんにくはみじん切りにして、しばらく置いておきます。
c) にんにくをこすりつけたトーストの上にフェタチーズをのせ、刻んだにんにくの残りをふりかけ、次にチャイブをふりかけ、2 番目のチーズをのせます。
d) チーズがとろけてジュージューと焼けるまで焼きます。部分的に軽く焦げ目がつき、トーストの縁がパリッと焼き色がつくまで焼きます。

e) 熱々でにじみ出る、すぐに召し上がれます。

17.　焼きとろけるチーズ&ピクルス

奉仕する **4**

材料：

- ボリュームたっぷりの風味豊かな白パンまたは全粒粉パン **4** 切れ
- ピクルス 大さじ **3** くらい 粗みじん切り
- **6-8** オンスの強力な熟成チェダー チーズまたはイングリッシュ チェシャー、スライス

方向

a) ブロイラーを予熱します。
b) パンを天板に並べます。ブロイラーの下で軽くトーストしてから、ピクルスを取り出し、軽くトーストしたパンにたっぷりと広げます。チーズをのせ、チーズが溶けるまでブロイラーの下に置きます。

18. フレッシュモッツァレラ生ハムとイチジクのジャム

奉仕する 4

材料：

- 柔らかいフレンチロールまたはイタリアンロール（または可能であれば半焼き）4 本
- 厚切りの新鮮なモッツァレラチーズ 10〜12 オンス
- 8 オンスの生ハム、薄切り
- イチジクのジャムまたはイチジクのジャム 1/4〜1/2 カップ
- パンに塗るソフトバター

方向

a) 各ロールを分割し、モッツァレラチーズと生ハムを重ねます。一番上のスライスにイチジクジャムを広げて、閉じます。

b) 各サンドイッチの外側に軽くバターを塗ります。

c) 厚めのノンスティック スキレットまたはパニーニ プレスを中火から強火にかけます。パンのサイズに応じて 2 つのバッチで作業しながら、サンドイッチをパンに置きます。を押します。サンドイッチまたは、グリルを閉じて、パンがカリッとチーズが溶けるまで、1 〜 2 回ひっくり返して焼き色を付けます。ロールは最初は丸みを帯びています

が、一度押すとかなり平らになり、慎重ではありますが簡単に回すことができます．

19. ローストビーフ グリルチーズ

奉仕する 4

材料：

- 4 ソフト サワードウまたはスイート ロール (または可能であれば、1 つの半焼きバゲット、4 等分にカット)
- 10〜12 オンスのブルーチーズ（室温に戻して広げやすくする）
- 8〜10 オンスのレア ロースト ビーフ、薄切り
- クレソンの葉 ひと握り
- パンに塗るソフトバター

方向

a) 各ロールを分割し、両側にブルーチーズをたっぷりと広げます。それぞれのロールに、ローストビーフ、クレソンの葉を重ね、再び閉じて、しっかりと閉じます。
b) 各サンドイッチの外側に軽くバターを塗ります。
c) 重いノンスティック スキレットまたはパニーニ プレスを中火から強火にかけます。
d) パンのサイズに応じて、2 つのバッチで作業しながら、サンドイッチをパンに配置します。
e) に従って重量を下げるヒント、パンがカリカリになり、チーズが溶けるまで、1〜2 回回転させて調理します。

20. レッドレスター__入り

奉仕する 4

材料：

- 柔らかい全粒小麦、発芽小麦のベリー、ディル、またはポテトブレッドなどのボリュームのある白の薄切り 8 枚

- 玉ねぎ 1/2 個（皮をむき、横方向に薄くスライス

- 10〜12 オンスのマイルドチェダーチーズ

- ブラッシング用のオリーブオイルまたはパンに塗るための柔らかいバター

- マイルドで元気があり、非常に興味深い選択のマスタード

方向

a) パンのスライスを並べます。4 枚のパンの上に 1 層のタマネギをのせ、パンとタマネギを完全に覆うのに十分な量のチーズをのせます。残りの食パンをそれぞれのせてサンドウィッチ状にし、しっかりと押さえる。

b) サンドイッチの外側にオリーブ オイルを塗るか、柔らかいバターを塗ります。

c) 重いノンスティック スキレットまたはサンドイッチ プレスを中程度の強さで加熱し、サンドイッチを加えて中火に弱めます。配置する上に重しフライパンを使用する場合は、焦げそうな場合は火を

弱めてください。時々チェックしてください。片面が金色でフレーク状の茶色になったら、裏返し、重さを減らし、もう一方の面を茶色にします。

d) すぐにサーブし、軽くたたくためのマスタードを添えて、くさびまたは三角形にカットします．

21.　ほれん草とディルのヴァルティパに

奉仕する 4

材料:

- にんにく 2 片（みじん切り）
- エキストラバージン オリーブ オイル 大さじ 2 杯
- ほうれん草 1 カップ
- マルチグレイン パン 8 枚またはフォカッチャ 1 枚、約 12 × 15 インチ、水平にカット
- 8 オンスのディル Havarti、スライス

方向

a) 重めの焦げ付き防止のフライパンを弱めの中火にかけ、大さじ 1 杯のオリーブ オイルでにんにくを温め、ほうれん草を加えて 1〜2 秒ほど一緒に火にかけます。

b) 4 枚のパン (またはフォカッチャの一番下の層) にチーズを並べ、その上にほうれん草と 2 枚目のパン (またはフォカッチャの一番上) をのせます。

c) 一緒に押してしっかりと密閉し、サンドイッチの外側に残りのオリーブオイルを軽く塗ります。

d) フライパンでサンドイッチを焼き、それらに重みを付ける、または中強火のパニーニプレスで。片面がカリッと焼き色がつくまで焼き、裏返しても

う片面も焼き色をつける。チーズが溶けたらサンドイッチの完成です。

e) すぐに出して、斜めに切る。

22. オープンフェイスグリルチェダー&ディルピクルス

奉仕する 4

材料:

- 上質な食パン 4 切れ
- 薄くスライスした 6〜8 オンスの熟成チェダーチーズ
- キュウリまたはコーシャ ディル ピクルス 1〜2 枚、薄切り

方向

a) ブロイラーを予熱します。
b) ブロイラーの下でパンを軽くトーストし、各スライスの上に少量のチーズ、ピクルス、さらにチーズをのせます。チーズがとろけ、パンの縁がカリッと焼き色がつくまで焼きます。
c) すぐにサーブし、4 分の 1 にカットします。

23. パリジャンスペシャル

12 を作ります。奉仕する 4

材料:

- グリュイエール、エメンタール、またはその他のスイス チーズ 6 オンス（粗く刻む）
- さいの目に切ったスモークハム 2〜3 オンス
- ドライマスタード ひとつまみ
- ウスターソースを数振り
- ホイップクリームまたはサワークリーム 大さじ 1、または全体をまとめるのに十分な量
- 厚い白パンの非常に薄いスライス 8 枚、クラストを切り取る
- ブラッシング用のオリーブオイルまたはパンに塗るための柔らかいバター

方向

a) 中くらいのボウルに、チーズとスモークハム、マスタード、ウスターソースを混ぜます。よく混ぜてから、クリームを加えて、しっかりとした混合物を形成し、一緒に保持するのに十分な量を加えます.

b) チーズとハムの混合物を 4 枚のパンに非常に厚く広げ、残りの 4 枚を上に置きます. 一緒によく押

して、サンドイッチをそれぞれ **3** 本の指に切ります．

c) サンドイッチの外側にオリーブ オイルを刷毛で塗り、焦げ付き防止の重いフライパンで中強火で焼き色を付け、へらを使って押しながら焼きます。片面がカリッと焼けたら裏返し、もう片面も焼き色をつける。

d) 熱いうちにサーブしてください。

24. クロスティーニアッラ カルネガーレ

16 を作ります。奉仕する **4**

材料：

- 16 枚の薄いバゲット スライス、斜めにカットし、できれば少し古くなったもの
- エキストラバージンオリーブオイル 大さじ 2
- みじん切りにしたにんにく 3 片
- 4 オンスのリコッタチーズ
- マイルドなアジアーゴ、ジャック、またはフォンティーナ チーズ 4 オンス (さいの目に切るか、粗く細断するか、細切りにする)
- チェリートマト 6 〜 8 個（4 等分またはさいの目切り）
- みじん切りローストレッドペッパー 大さじ 2
- バジルペスト 大さじ 1〜2

方向

a) ブロイラーを予熱します。
b) バゲットのスライスをオリーブオイルと一緒にボウルに入れ、グラタン皿または天板に単層で並べます。ブロイラーの下で約 5 分間、または軽く黄金色になるまでトーストします。トーストを取り

出し、ニンニクの半分でトスします。脇に置きます。

c) 小さなボウルに、残りのにんにくをリコッタ チーズ、アジアーゴ、チェリー トマト、ピーマン、ペストと混ぜ合わせます。

d) 各トーストにたっぷりのフィリングをのせます。天板に並べ、チーズが溶けてジュージューと音を立て、トーストの端がカリカリと茶色になるまで、ブロイラーの下に置きます．

e) すぐに奉仕します。

25. ブルスケッタオリーブから

16から24になります。奉仕する8

材料:

- パン・オ・ルヴァンまたはその他の素朴な田舎のパン4切れ、1切れにつき4～6個にカット
- にんにく2かけ
- エクストラバージンオリーブオイル 大さじ1くらい
- 4オンスのフェタチーズ、スライスレモン1個のすりおろした皮
- ジャック、フォンティーナ、マイルド アジアーゴなどのマイルドなとろけるチーズ4オンス(薄くスライスまたは千切り)
- 約3オンスの若いルッコラ

方向

a) ブロイラーを予熱します。
b) ブロイラーの下でパンを軽くトーストします。火からおろし、にんにくで両面をこする。
c) にんにくをこすりつけたトーストを天板にのせ、少量のオリーブ オイルを軽くふりかけます。次にフェタ チーズを重ね、レモンの皮をふりかけ、ジャック チーズをのせ、最後にオリーブ オイルを

ふりかけます。チーズが溶けて軽く泡立つまで焼きます。

d) 小さなオープンフェイスのグリルチーズサンドイッチに、ほんの一握りのルッコラの葉をのせて、すぐにお召し上がりください。

26. ブルーチーズとグリュイエールのカッセ・クルート

奉仕する 4

材料：

- バゲット 1 枚、縦に割って少しくり抜いたもの
- パンに塗るソフトバター 大さじ 2〜3
- 辛口白ワイン 大さじ 1〜2
- みじん切りにしたにんにく 3〜4 片
- 風味豊かなブルーチーズ 8〜10 オンス
- 8〜10 オンスのグリュイエール
- ナツメグのすりおろし

方向

a) ブロイラーを予熱します。
b) 半分に切ったバゲットの内側にバターを薄く塗り、白ワインとにんにくをふりかけます。チーズを重ね、最後にグリュイエールチーズを重ね、ナツメグのすりおろし、残りのニンニク、さらに数滴のワインで仕上げます。
c) チーズが溶けてジュージューと音を立て、パンの端がパリッと焼き色がつくまでサンドイッチを焼きます。

d) 数センチの長さに切って、すぐに召し上がってください。

27. クリスプドトマトコンフィ黒あんずと

奉仕する 4

ブラックアンズタケのソテー

材料：

- 1 オンスの新鮮なまたは $\frac{1}{2}$ オンスの乾燥黒アンズタケ

- 無塩バター 大さじ 6

- きのこまたは野菜のスープ $\frac{1}{4}$ カップ

- 黒トリュフオイル 大さじ 2、またはお好みで

サンドイッチ

- やや斜めに薄切りにしたバゲット 1 枚

- 約 1/8 インチの厚さにスライスし、バゲットの小さなスライスに合うようにカットした 8 オンスのコンテ チーズ

- パンを磨くためのエクストラバージン オリーブオイル 大さじ 1〜2

- みじん切りにしたにんにく 1〜2 片

- みじん切りの新鮮なチャイブまたは平らな葉のパセリ 大さじ 1〜2

方向

a) **To** アンズタケのソテーを作る:新鮮なキノコを使用する場合は、洗って乾かし、細かく刻みます。干し椎茸を使う場合は、沸騰直前まで温めた椎茸のだし汁を椎茸の上にかけ、水分を戻します。ふたをして、約 30 分間、または柔らかくしなやかになるまで放置します。液体から取り出し、絞って乾かし、下で調理するために液体を取っておきます。戻したきのこをみじん切りにし、生と同じように進めます。

b) 重いテフロン加工のフライパンで中火でバターを加熱します。溶けてナッツのような茶色になったら、マッシュルームを加え、熱いバターでしばらく焼きます。スープを注ぎ、液体がほぼ完全に蒸発するまで、中火から強火で 5〜7 分間調理します。火から下ろし、スプーンでボウルに入れます。数分間冷ましてから、トリュフオイルを加えてよくかき混ぜ、よく混ぜます。

c) バゲットのスライスを並べます。それらの半分にトリュフを添えたキノコの混合物を塗り、次にスライスしたチーズをのせ、最後に残りのバゲットをのせます。よく一緒に押します。サンドイッチは小さく、比較的乾いた詰め物でバラバラになる傾向があります。ただし、サンドイッチが茶色になると、チーズが溶けて一緒に保持されます。

d) 各サンドイッチの外側にオリーブ オイルを軽く塗ります。重い焦げ付き防止のスキレットを中強火で加熱し、必要に応じてバッチで作業しながら、

サンドイッチを追加します。トップ重さ熱を中または中弱に下げます。パンがカリッと黄金色になり、チーズが溶けるまで、サンドイッチを1〜2回ひっくり返しながら焼き色を付けます。にんにくとチャイブをふりかけて、お召し上がりください。

e) フライパンから取り出す直前ににんにくをふりかけると、生のにんにくの辛味と強い風味が保たれるため、小さなサンドイッチはそれぞれ、チーズとトリュフを詰めたにんにくクルトンのような味がします。残りのサンドイッチで繰り返し、パンから残りのニンニクを取り除き、次のサンドイッチの焼き色で焦げないようにします.

28. 山羊のチーズトースト ズッキーニ入り

12 を作ります。奉仕する 4

材料:

- 12 枚の薄いバゲットのスライス、できれば少し古くなった
- エクストラバージンオリーブオイル
- 少し熟成させた山羊のチーズ 3〜4 オンス
- クミン 小さじ 1/4 程度
- 小さじ 1/2 タイム
- パプリカ 小さじ 1/4〜1/2
- コリアンダー 小さじ 1/8 程度
- にんにく 2 片（みじん切り）
- 新鮮なコリアンダーのみじん切り 大さじ 1〜2

方向

a) ブロイラーを予熱します。
b) バゲットのスライスにオリーブオイルを刷毛で塗り、天板に単層で並べ、ブロイラーの下で両面を軽くトーストします。
c) トーストしたバゲットスライスの上にチーズをのせ、クミン、タイム、パプリカ、コリアンダー、刻んだにんにくをふりかけます。オリーブオイル

をまわしかけ、チーズが少し溶けて焼き色がつくまで焼きます。

d) コリアンダーをふりかけて、すぐにお召し上がりください。

29.　ロックフォールサンドイッチ&ビーツマーマレード

8を作ります。奉仕する4

ジンジャービーツマーマレード

材料：

- 中～大の赤ビーツ3個(合計16～18オンス)、皮を剥いて丸ごと
- 玉ねぎ1個（4分の1）、さらに玉ねぎ½個（みじん切り）
- 赤ワイン ½カップ
- 赤ワインビネガー 約1/4カップ
- 砂糖 大さじ2くらい
- レーズンまたはさいの目に切ったドライイチジク 大さじ2
- みじん切りの皮をむいた生姜 小さじ半分程度
- 五香粉、クローブ、またはオールスパイス ひとつまみ

サンドイッチ

- 古くなったバゲット、または薄くスライスした古くなったチャバタの非常に薄くスライスした対角線部分16個
- 6オンスのロックフォールチーズ

- パンに塗るオリーブオイル 大さじ 1 くらい
- 約 2 カップ（3 オンス）のクレソン

方向

a) オーブンを 375°F に予熱します。

b) ビーツマーマレードの作り方：ビーツ、四分の一タマネギ、赤ワインを、間に数インチのスペースを空けて収まる大きさの天板に入れます。フライパンをアルミホイルで覆い、ビーツが柔らかくなるまで 1 時間焼きます。取り出して蓋を開け、冷ます。

c) 冷めたらビーツの皮をむき、1/4〜1/8 インチの角切りにする。調理したタマネギを粗みじん切りにし、みじん切りにした生タマネギ、酢、砂糖、レーズン、ショウガ、大さじ数杯の水と一緒に、さいの目に切ったロースト ビーツと鍋からの調理汁を鍋で混ぜ合わせます。

d) 沸騰したら強火〜中火で玉ねぎがしんなりし、水分がほとんどなくなるまで煮る。燃やさないでください。火からおろし、砂糖と酢で味を調えます。5 種類のスパイス パウダーで非常に微妙に (ひとつまみだけ) 味付けします。脇に置きます。約 2 杯分になります。

e) サンドイッチを作るには：バゲットを 8 枚並べ、それぞれにロックフォールチーズを厚めに塗る。残りのバゲットをそれぞれのせ、しっかりと押さ

えます。小さなサンドイッチの両面に少量のオリーブ オイルを塗ります。

f) 厚めの焦げ付き防止フライパンを中強火で熱し、サンドイッチを入れます。熱を中低または中に下げます。サンドイッチの片面がこんがりきつね色になるまで焼き、ヘラで軽く押さえ、ひっくり返してもう片面を軽く焼きます。

g) クレソンの房または2つの房とビートマーマレードのスプーン1杯を添えて、カリカリのホットサンドウィッチを皿に盛り付けます．

30.

奉仕する 4

ツナとレッドペッパーのスプレッド

材料：

- 6 オンスのチャンク白身マグロ、オリーブ オイルでパックし、水気を切った
- 赤唐辛子 1 個、ローストし、皮をむき、みじん切りにする (瓶からでもよい)
- 玉ねぎ 1/2 個、みじん切り
- マヨネーズ 大さじ 4〜6
- エキストラバージンオリーブオイル 大さじ 1
- 小さじ 1〜2 のパプリカ、できればハンガリー産またはスペイン産
- フレッシュレモン 数滴
- ジュース
- 塩
- 黒コショウ

サンドイッチ

- ドライトマトパン 8 枚

- 8オンスの熟成ゴーダチーズ、ジャック、またはホワイトチェダー
- パン磨き用オリーブオイル

方向

a) ツナミックスの作り方: 中くらいのボウルにマグロをフォークでほぐし、赤唐辛子、玉ねぎ、マヨネーズ、エキストラバージン オリーブ オイル、パプリカ、レモン汁、塩、こしょうを加えて混ぜます。マヨネーズの量を調整して、程よいとろみがつくようにします。

b) サンドイッチの作り方: 食パンを4枚並べ、それぞれに4分の1のチーズをのせます。ツナミックスをのせ、残りのパンをのせます。

c) サンドイッチの外側にオリーブ オイルを軽く塗ります。重めの焦げ付き防止フライパンを中強火で熱し、サンドイッチを追加します。

d) 重りの底でそれらを重くしますフライパン、それらを押すのではなく、チーズが溶けている間、上部を保持して平らに保ちます。火を中火に下げ、パンがカリッと黄金色になるまで片面を焼き、裏返して繰り返します。

e) ときどき計量皿を持ち上げて、チーズの状態を確認してください。

f) 溶けたら（少しにじみ出るのでわかります）、パンが黄金色になり、カリカリになったら、鍋から

取り出します。チーズが溶ける前にパンが焦げそうになったら火を弱めます。

g) アツアツでサクサク、すぐに召し上がれます。

31. クラブサンドイッチ

奉仕する 4

材料：

- マヨネーズ 大さじ 3
- 水気を切ったケッパー 大さじ 1
- 厚切りベーコン 8 枚
- 大きなパン半分（長さ約 10 インチ、幅 5 インチ）から切り取った 8 つの薄いスライスパン・オ・ルヴァン
- ビューフォート、コンテ、またはエメンタールチーズ 8 オンス、スライス
- スライスした完熟トマト 2 個
- ポーチド、ロースト、またはグリルした骨なし鶏の胸肉 2 枚、スライス
- パン磨き用オリーブオイル
- ルッコラの葉 約 2 カップ
- フレッシュバジル 約 12 枚

方向

a) 小さなボウルに、マヨネーズとケッパーを混ぜます。脇に置きます。

b) 焦げ付き防止の厚手のスキレットでベーコンを両面にカリカリと焼き色がつくまで焼きます。鍋から取り出し、吸収性のペーパー タオルで水気を切ります。
c) 4枚のパンを作業台に並べ、それぞれの上にチーズ、次にトマト、ベーコン、最後にチキンを重ねます。
d) 残りの4枚の食パンにケッパーマヨネーズをたっぷり塗り、それぞれのサンドイッチの上にのせます。押してしっかり閉じます。
e) オリーブオイルで外側を軽く磨きます。
f) 厚めのノンスティック スキレットまたはパニーニ プレスを中火から強火にかけます。サンドイッチを追加し、必要に応じて2つのバッチで作業します。ウェイトダウンサンドイッチ軽く中火にし、パンの底に斑点状の焼き色がつき、チーズが少し溶けるまで焼きます。
g) サンドイッチがバラバラになりそうになっている場合は、スパチュラ上のサンドイッチを安定させるために手を使って慎重に裏返します。2番目の面を茶色にします。おもりはありませんが、サンドイッチを少し押して、それらを固めて一緒に保持します。
h) パンから取り出し、4つのサンドイッチすべての上部を開き、一握りのルッコラと数枚のバジルの葉を詰めて、すべて閉じます。
i) 半分に切って、すぐにお召し上がりください。

32. ウェルシュ・レアビットポーチドエッグ添え

奉仕する **4**

材料:

- 大きな卵 **4** 個
- 白ワインビネガー 数滴
- 全粒粉またはサワー種のパン **4** 枚、または半分に切ったイングリッシュ マフィン **2** 枚
- ソフトバター 大さじ **2** くらい
- **12** オンスのシャープ チェダーまたはチェシャー チーズを粗く刻む
- ネギ **1**〜**2** 本、薄切り
- 小さじ **1**〜**2** 杯のエールまたはラガー（オプション）
- 小さじ ½ の全粒マスタードおよび/または数つまみの粉末乾燥マスタード
- ウスターソースをたっぷり振って数回
- カイエンペッパー数振り

方向

a) ポーチドエッグ：各卵を割り、カップまたはラメキンに入れます。水で満たされた深いフライパンを沸騰させます。火を弱め、泡立つように煮る。

水に塩を加えないで、酢を数回振って加えます。軽く沸騰したお湯に卵を一つずつ入れます。

b) 白身が固まり、黄身がまだ水っぽくなるまで、卵を 2〜3 分調理します。穴あきスプーンで取り出し、皿にのせて余分な水分を切る。

c) ブロイラーを予熱します。

d) ブロイラーの下でパンを軽くトーストし、軽くバターを塗ります。

e) パンを天板に並べます。ポーチドエッグ 1 個を各ピースの上に置きます。

f) 中くらいのボウルに、チェダーチーズ、ねぎ、エール、マスタード、ウスターソース、カイエンペッパーを入れて混ぜます。卵黄を割らないように注意しながら、ポーチドエッグの上にチーズの混合物を均等にスプーンでやさしくかけます。

g) チーズと卵をトッピングしたトーストを、チーズが溶けてねばねばしたソースのような混合物になり、チーズとトーストの端がカリカリと茶色になるまで焼きます。すぐに奉仕します。

33. ハムとチーズとパイナップルのグリル

奉仕する 4

材料:

- 七面鳥のハム 6～8 オンス、粗く刻むか、薄切りにしている場合はリボン状に切る
- マヨネーズ 大さじ 3 または必要に応じて
- 新鮮なパイナップルの厚切り 4 枚または缶詰のジュース 5 枚
- 薄くスライスした全粒粉または小麦ベリーのパン 8 枚
- パンとバターのピクルス 12～15 枚程度
- 玉ねぎ 1/2 個、薄切り
- 約 8 オンスのタレッジョ チーズ (皮を切り取ったもの)、またはスライスしたシャープなチェダー チーズ
- パン磨き用エキストラバージンオリーブオイル

方向

a) 小さなボウルに七面鳥のハムとマヨネーズを入れます。脇に置きます。
b) パイナップルをさいの目に切るか粗く刻み、ボウルに入れておきます。新鮮なものを使用する場合は、砂糖を加えて味を調えます。

c) パンのスライスを並べます。そのうちの4つにパイナップルを広げます。残りの4つには、最初にピクルスをいくつか置き、次に七面鳥の生ハムのサラダの混合物、次にタマネギ、そしてタレッジョを置きます。パイナップルをトッピングしたパンのスライスを慎重に上に置いてサンドイッチを形成し、しっかりと押します．オリーブオイルで両面を軽くブラッシングします。

d) 厚めのノンスティック スキレットまたはパニーニプレスを中火から強火にかけます。サンドイッチをフライパンに入れ、焦げ目をつけてプレスし、最初の面がカリカリで金色になり、チーズが溶け始めるまで。次に、へらを使用し、場合によっては手の助けを借りて、サンドイッチを慎重に裏返し、2番目の面を焼き色がつくまで押します。

e) サンドイッチがカリカリになり、両面が軽く焦げ目がつき、チーズが溶けたら、パンから取り出し、半分に切り、サーブします．

34. ホット・マフアレッタ

奉仕する 4

材料:

- ソフトフレンチロール 4本
- エクストラバージンオリーブオイル
- あちこちで赤ワインビネガーを数回振る
- みじん切りにしたにんにく 4〜6片
- 水気を切ったケッパー 小さじ 3〜4
- 砕いた乾燥オレガノ 大ピンチ 2〜3個
- ½カップのみじん切りまたはさいの目に切ったローストレッドペッパー
- スライスしたギリシャやイタリアなどのマイルドなピクルス ピーマン 4個
- 非常に薄くスライスした赤玉ねぎまたはその他のマイルドタマネギ 1/2個
- ピミエントを詰めたグリーン オリーブ 1/2 カップ、スライス
- トマト大 1個 (薄切り)
- 4オンスの乾燥サラミ、薄くスライス
- 4オンスのハム、スモークターキー

- 8オンスの薄切りプロボローネ チーズ

方向

a) ロールを開き、ふわふわの中身を少し引き出します。カットした各面にオリーブ オイルと酢をふりかけ、次ににんにく、ケッパー、オレガノをふりかけます。各ロールの片面に、赤ピーマン、ピクルス、タマネギ、オリーブ、トマト、サラミ、ハム、最後にチーズを重ねます。しっかりと閉じて、しっかりと押して密封します。

b) 重めの焦げ付き防止フライパンを中強火で熱し、各ロールの外側にオリーブ オイルを軽く塗ります。フライパンにサンドイッチを並べて、減量、またはパニーニプレスに入れます。

c) 片面がきつね色になるまで焼き、裏返してもう片面も焼き色をつける。サンドイッチが黄金色になり、チーズが少しにじみ出て、所々がカリカリになったら、サンドイッチの準備は完了です。半分に切って、すぐに食べます。

35. キューバサンドイッチ

奉仕する 4

材料:

モジョソース

- エキストラバージンオリーブオイル 大さじ 2
- にんにく 8 片（薄切り）
- 1 カップのフレッシュオレンジジュースまたはグレープフルーツジュース
- ½ カップのフレッシュライムジュースおよび/またはレモンジュース
- クミン 小さじ ½ 塩
- 黒コショウ

サンドイッチ

- ソフト バゲット 1 個またはソフト ロング フレンチ ロール 4 個、分割
- パンを磨くためのソフトバターまたはオリーブオイル
- 6 オンスの薄くスライスしたボイルまたはハニー ロースト ハム
- 調理済みの鶏胸肉 1 枚、約 6 オンス、薄切り

- スライスしたゴーダ、マンチェゴ、エダムなどの風味豊かな 8 オンスのチーズ
- 1 ディル、コーシャディル、またはスイート ピクルスを薄くスライス
- バターまたはボストンビブレタス 約 4 枚
- スライスした完熟トマト 2〜3 個

方向

a) モジョソースを作るには: オリーブオイルとにんにくを、小さな重いフライパンで、にんにくがほんのり黄金色になるまで約 30 秒ほどゆっくりと加熱します。柑橘類の果汁、クミン、塩、こしょうで味を調え、火から下ろす。冷まして味見をし、味を調えます。冷蔵庫で最大 3 日間持続します。$1\frac{1}{2}$ カップになります。

b) ブロイラーを予熱します。

c) サンドイッチの作り方: 各ロールのフワフワした内側を少し引き出します。引き抜いたパンは廃棄するか、別の用途のために取っておきます。少量の柔らかいバターまたはオリーブ オイルでロールの両面を磨きます。ブロイラーの下で両側を軽くトーストし、火から下ろします。

d) パンの切り口にモジョソースを少しかけ、ハム、チキン、チーズ、ピクルスを重ねます。よく閉じ

て、一緒に押して密封し、サンドイッチの外側をオリーブオイルで軽くブラッシングします.

e) 厚めのノンスティック スキレットまたはパニーニ プレスを中火から強火にかけ、サンドイッチに焼き色を付けます。それらを重み付けする. サンドイッチをできるだけ平らにプレスします。外側が軽くカリッと焼け、チーズが溶け始めるまで焼きます。サンドイッチを回転させるときにへらでつぶして、平らに押します。

f) サンドイッチがカリッと焼き色がついたら、フライパンから取り出します。開いて、レタスとトマトを追加し、すぐに提供して、側面に余分なモジョを添えます。

36.　パン風焼きチーズ

奉仕する 4

材料：

- しっかりとした味わいの上質な白パンまたはフランスパン 8 切れ
- ボイルまたは焼きハムまたは七面鳥のハム 4 枚の薄切り
- 無塩ソフトバター 大さじ 2
- グリュイエールタイプのチーズ 4 オンス

方向

a) ブロイラーを予熱します。

b) 天板に食パンを 4 枚並べ、ハムと残りの食パンをのせてサンドイッチにします。各サンドイッチの外側にバターを塗り、ブロイラーの下に軽く黄金色になるまで置き、裏返し、2 番目の面に焼き色を付けます。

c) サンドイッチの片面全体にチーズをふりかけ、ブロイラーに戻し、チーズが溶けてあちこちで少し泡立つまでしばらく待ちます。すぐそばにグリーンサラダを添えて食べます。

37. ボカディロからイビサ島

奉仕する **4**

材料：

- ソフトでフラットなフレンチまたはイタリアンスタイルのロールパン 4 枚、できればサワードウ

- にんにく 6〜8 片（半分に切る）

- エキストラバージンオリーブオイル 大さじ 4〜6

- トマトペースト 大さじ 1（お好みで）

- 薄くスライスした完熟トマト 2〜3 個

- 乾燥オレガノ（できればギリシャ、シチリア、またはスペイン）をたっぷりとふりかける

- 8枚の薄切りスペインのハモンまたは生ハムなどの同様のハム

- マンチェゴ、イディアサバル、マホンなどのマイルドでとろけるが風味豊かな約10オンスのチーズ、またはイグ ベラのセミセッコやジャックなどのカリフォルニア チーズ

- ミックス地中海オリーブ

方向

a) ブロイラーを予熱します。
b) ロールを切り開き、ブロイラーの下で両側を軽くトーストします。
c) 各食パンの切り口ににんにくをこすりつけます。
d) にんにくをこすりつけたパンにオリーブオイルをまぶし、外側に油を少し多めに塗ります。トマトペーストで軽く広げ、スライスしたトマトとそのジュースをロールの上に重ね、トマトペーストとトマトを押し込み、ジュースがパンに吸収されるようにします.
e) 砕いたオレガノを散らし、ハムとチーズを重ねます。クローズアップしてよくまとめてから、オリーブオイルを軽く塗ります。
f) 焦げ付き防止の重いフライパンまたはパニーニ プレスを中火から強火にかけ、サンドイッチを追加します。なべを使う場合は、重しをサンドイッチダウン.

g) 中火から弱火に落とし、外側が軽くカリッとチーズが溶け始めるまで焼きます。裏返して、2番目の面に焼き色を付けます。
h) 半分に切ってすぐにサーブし、一握りのミックスオリーブを添えて．

38. オリーブ、トマトとモッツァレラチーズ

作る 4

材料：

- 新鮮な小さなセージの葉 10〜12 枚
- 無塩バター 大さじ 3
- エキストラバージンオリーブオイル 大さじ 1
- カントリーブレッド 8 切れ
- 4 オンスの生ハム、薄切り
- 10 〜 12 オンスのフルフレーバー マウンテン チーズ（フォンティーナ、熟成ビューフォート、エメンタールなど）
- にんにく 2 片（みじん切り）

方向

a) 焦げ付き防止の重いフライパンで、バターが溶けて泡立つまで、セージの葉、バター、オリーブ オイルを中火から弱火でかき混ぜます。

b) その間、パンを 4 枚並べ、生ハム、フォンティーナ、にんにくをのせます。残りの食パンを上にのせ、しっかりと押さえます。

c) サンドイッチをホットセージバター混合物にそっと入れます。いくつかのバッチでそれらを行うか、2 つのパンを使用する必要がある場合があり

ます。重量その上に厚手のフライパンサンドイッチを押し下げます。外側が軽くカリッと焼け、チーズが溶け始めるまで焼きます。裏返して、2番目の面に焼き色を付けます。

d) アツアツでパリッとしたサンドイッチを斜め半分にカットしてお召し上がりください。セージの葉を捨てるか、かじってパリッと焼き色をつけます。

39. エメンタール＆梨サンドイッチ

奉仕する 4

材料：

- パン・オ・ルヴァン、サワードウ、またはサワー・パンパーニッケルの薄切り 8 枚
- 4 オンスのエメンタール チーズ、薄くスライス
- 皮をむかず、非常に薄くスライスした、熟したしっかりした洋ナシ 1 個
- 薄くスライスしたアッペンツェル チーズ 4 オンス
- クミンシード 数つまみ パンを磨くためのソフトバターまたはオリーブオイル

方向

a) 作業台にパンを 4 枚並べ、その上にエメンタール チーズ、梨、アッペンツェル チーズ、クミン シードをのせます。各サンドイッチの上に 2 枚目のパンをのせ、しっかりと押して密閉します。

b) 各サンドイッチの外側にバターを軽く塗ります。重いノンスティック スキレットまたはサンドイッチ プレスを中火から強火にかけます。重しを乗せるサンドイッチ. パンがカリッと黄金色になり、チーズが溶けるまで、1 〜 2 回ひっくり返します。

c) すぐに奉仕します。

40.　　　プンパニッケルとゴーダグリル

奉仕する 4

材料：

パセリとタラゴンのマスタード

- 全粒マスタード 大さじ 3
- マイルドディジョンマスタード 大さじ 3
- みじん切りの新鮮なフラットリーフ パセリ 大さじ 2 杯
- 生タラゴンのみじん切り 大さじ 1
- にんにく小 1 片（みじん切り）
- 赤ワインビネガーまたは白ワインビネガー（お好みで）数滴

サンドイッチ

- ソフトダークパンパーニッケルパン 8 枚
- 8 オンスの熟成ゴーダ、マンチェゴ、または同様のナッツ熟成チーズ
- パンを磨くためのソフトバターまたはオリーブオイル

方向

a) パセリとタラゴンのマスタードの作り方: 全粒粉マスタードとディジョン マスタードを小さなボウルに入れ、パセリ、タラゴン、にんにくを入れてかき混ぜます。酢を数滴加えて味を調え、取っておきます。約 **1/3** カップになります。

b) サンドイッチを作るには: 食パンを **4** 枚、作業面に並べます。チーズの層を追加し、**2** 番目のパンを上に置きます。一緒に押して、バターで外側を軽く広げるか、ブラシで塗ります。

c) 厚手のノンスティック スキレットまたはパニーニプレスを中強火で加熱し、サンドイッチを追加します。秒単位の重みフライパン熱を中低に下げます。片面がカリッと焼き色がつくまで焼き、裏返してチーズがとろけるまで焼きます。

d) パセリとタラゴンのマスタードを添えて、お好みで軽くたたいて、すぐにお召し上がりください。

41. ブラックオリーブパンのオドチーズ

奉仕する 4

材料：

- 黒オリーブ食パン 8 枚
- 細かく刻んだにんにく 1 片
- 4 つの大きな、脂肪の多い、熟した、風味豊かなトマト
- 新鮮なタイムの葉 小さじ 1～2
- 8～10 オンスのマホンチーズ、熟成ゴーダチーズ、またはメゾセッコチーズ
- パン磨き用オリーブオイル

方向

a) 食パン 4 枚ににんにくをふりかけ、トマトを重ねる（トマトの汁をパンに染み込ませる）。トマトのスライスにタイムの葉をふりかけます。
b) その上にチーズを重ね、残りのパンを重ねて 4 つのサンドイッチを作ります。一緒に押してしっかりと密封します。それぞれの外側をオリーブ オイルで磨きます。
c) 厚めのノンスティック スキレットまたはサンドイッチプレスを中強火で加熱し、サンドイッチを追加します。それらを重み付けする。サンドイッチを 1～2 回ひっくり返して、パンがカリッと黄金

色になり、チーズが溶けてパンに当たるとほんの少しだけしみ出してカリカリになるまで焼きます。
d) すぐに奉仕します。

42. 七面鳥燻製 タレッジョ&ゴルゴンゾーラ

奉仕する 4

材料：

- チャバタなどの柔らかく平らで風通しの良いイタリアのパン 1 つ、または柔らかいイタリアン/フレンチロール 4 つ。半焼きがあればそちらをチョイス
- 6 オンスのゴルゴンゾーラ チーズ、薄くスライスするか粗く砕く
- 薄くスライスした七面鳥の燻製 8 オンス
- 皮を剥かず、芯を取り、非常に薄くスライスした、さわやかで風味豊かなりんご 中型または小型 2 個
- 6 オンスのタレッジョ、テレメ、ジャック、またはトム ド モンターニュ チーズを 4 スライスにカットします (タレッジョの皮を残すか切り取るかはあなた次第です。皮はやや強い風味があり、好きな人もいれば、嫌いな人もいます).)
- パン磨き用オリーブオイル

方向

a) 食パンを 4 等分に切る。できれば片面をつなげたまま、食パンを横にスライスします。

b) 4枚のパンを開きます。片面にゴルゴンゾーラ、七面鳥の燻製、スライスしたリンゴを同量ずつ重ねる。タレッジョをのせてサンドイッチをしっかりと閉じ、しっかりと閉じます。

c) サンドイッチの上部と下部にオリーブオイルを塗り、焦げ付き防止の厚手のスキレットを中火から強火にかけます。サンドイッチを熱したフライパンに入れ、すぐに弱火にします。上の重り、またはサンドイッチプレスまたはパニーニプレスを使用します。

d) こんがりと焼き色がつくまで焼き、ひっくり返して両面を軽く焼きます。パンが焦げていないことを確認するために時々チェックしてください。

e) 両面がカリッと焼き上がり、チーズが溶けたらお召し上がりください。

43. 溶けたヤギのスパイシーサンドウ

奉仕する 4

材料：

- 中厚スライスのサワードウブレッド 8 枚
- 8 オンスの Jarlsberg またはジャックなどのマイルドなとろけるチーズ
- ローストした赤ピーマン 2 切れ、またはみじん切りにしたローストした赤ピーマン大さじ 3 〜 4 杯
- にんにく 2 片（薄切り）
- 新鮮なローズマリーの葉のみじん切り、またはお好みで小さじ 2 杯
- パン磨き用オリーブオイル

方向

a) 作業台に食パンを 4 枚並べ、チーズをのせ、赤ピーマン、にんにく、ローズマリーをのせる。残りの食パンをのせて軽く押さえます。各サンドイッチの外側をオイルで軽くブラッシングします。

b) 厚めのノンスティック スキレットまたはサンドイッチ プレスを中火から強火にかけ、必要に応じて数回に分けてサンドイッチを追加します。火を中火から弱火に下げ、外側が軽くカリカリになり、チーズが溶け始めるまで、サンドイッチをゆっく

りと焼き色を付けます(スパチュラで押してカリカリにします)。裏返して、2番目の面で繰り返します。

c) 各サンドイッチを半分または4分の1にカットして提供します。

44. チキンクプスコギ切りカタ

奉仕する 4

材料:

- セージ/ハーブ ソーセージ 2 本 (約 14 オンス)、豚肉、七面鳥肉、またはベジタリアンのいずれか
- 6 オンスのシュレッド ジャックまたはミディアム アジアーゴ チーズ
- パルメザン、ロテッリ ロマーノ、ドライ ジャックなどのすりおろしたばかりの熟成チーズ 大さじ 1〜2 杯（約 2 オンス）
- ネギ 2 本、薄切り
- サワークリーム 小さじ 2〜3 クミンシード ひとつまみ ターメリック ひとつまみ ブラウンマスタード ひとつまみ
- カイエンペッパーのピンチまたは数滴のホットペッパーソース
- 全粒粉 (小麦の実、ヒマワリの種、発芽小麦など) の薄切りパン 8 枚
- エキストラバージンオリーブオイル 大さじ 2〜3
- にんにく 3 片（薄切り）
- モロッコ風プリザーブドレモン 1〜2 個、よくすすぎ、スライバーにスライスするかみじん切り

- 細かく刻んだ新鮮なフラットリーフ パセリ 小さじ 1〜2 杯

方向

a) ソーセージを大まかにさいの目に切り、小さな焦げ付き防止のフライパンで中火ですばやく焦げ目をつけます。型からはずし、ペーパータオルの上に置き、冷ます。鍋をコンロの上に置いたまま、火を止めます。

b) 中くらいのボウルに、2 種類のチーズとネギ、サワー クリーム、クミン シード、ターメリック、マスタード、カイエンペッパーを入れて混ぜます。ソーセージが冷めたらチーズと混ぜます。

c) パンを 4 枚重ねて、チーズとソーセージを混ぜたものをのせ、その上にもう 1 枚のパンをのせます。軽くたたき、サンドイッチがくっつくように軽く、しかししっかりと押します。

d) フライパンを中火にかけ、オリーブオイルとにんにくの約半分を加え、にんにくを片側に寄せてサンドイッチを 1 つか 2 つ追加します。片面が軽くカリカリになり、チーズが溶け始めるまで焼きます。

e) ひっくり返して 2 面目をきつね色になるまで焼きます。プレートに移し、他のサンドイッチ、ニンニク、油で繰り返します．軽く焦げ目がついたニンニクを捨てるか、かじってください。いずれに

せよ、油が焦げると苦味が出るので、黒くなる前に鍋から取り出してください。

f) すぐにサンドイッチを提供し、アツアツにし、三角形に切り、保存されたレモンとみじん切りのパセリを振りかけます.

45.

奉仕する 4

材料：

- エクストラバージン オリーブ オイル 1/4 カップ、または必要に応じて分割
- 中サイズのナス 1 個、厚さ 1/2 から 3/4 インチにスライス
- 塩
- 4 つの大きなソフトロール、サワードウまたはスイート
- にんにく 3 片（みじん切り）
- 大きなフレッシュバジルの葉 8 枚
- リコッタチーズ 約 $\frac{1}{2}$ カップ
- おろしたてのパルメザンチーズ、ペコリーノチーズ、またはロテッリロマーノチーズ 大さじ 3 杯
- 6～8 オンスのフレッシュモッツァレラチーズ
- 熟したジューシーなトマト 4 個、薄切り (果汁を含む)

方向

a) なすのスライスをまな板に並べ、塩を多めにふります。約 20 分、またはなすの表面に水滴が出る

まで放置します。よくすすぎ、なすを軽くたたいて乾かします。

b) 重めの焦げ付き防止フライパンに油大さじ1を中火で熱します。1つの層に収まり、互いに密集しないように、できるだけ多くのナスを追加します．なすのスライスを焦げ目がつくように動かしながら焼き色を付けます。

c) ひっくり返してもう片面も軽く焼き色がつき、なすがフォークで刺して柔らかくなるまで焼きます。なすに火が通ったら皿やフライパンに移し、なすを加えて火が通るまで続ける。数分間放置します。

d) ロールを開き、フワフワした内側を少し引っ張り、切り口に刻んだニンニクを散らします。各ロールの片面にナスのスライスまたは2枚を置き、バジルの葉または2枚、リコッタチーズ、パルメザンチーズのふりかけ、モッツァレラチーズの層を上に置きます．スライスしたトマトで仕上げます。閉じて、軽く押して一緒に密封します。

e) 同じフライパンを中強火で加熱するか、パニーニプレスを使用して、サンドイッチの外側にオリーブオイルを少し塗ります。サンドイッチを焦がすかグリルして、焦げ目がついてカリカリになるまで押します。

f) 片面に焼き色がついたら裏返し、チーズがとろけるまで両面を焼きます。すぐに奉仕します。

46. 焼茄子ジャム

奉仕する 4

材料：

レッドチリアイオリ

- みじん切りにしたにんにく 2〜3 片

- マヨネーズ大さじ 4〜6 レモンまたはライム 1/2 個分の汁（お好みで大さじ 1 程度）

- チリパウダー 小さじ 2〜3 パプリカ小さじ 1

- 砕いたクミン 小さじ $\frac{1}{2}$ 乾燥したオレガノの葉をひとつまみ

- エキストラバージンオリーブオイル 大さじ 2

- チポトレ・タバスコやバッファラなどのスモーキーなチリソースを数回振る

- 粗く刻んだ新鮮なコリアンダー 大さじ 2

- なす 1 本、横に 1/4 から 1/2 インチの厚さのスライスに切る オリーブ オイル

- ソフトホワイトまたはサワードウロール 4 枚、またはカントリースタイルのホワイトまたはサワードウパン 8 切れ

- 3/4 カップのローストした赤ピーマンと/または黄ピーマンのマリネ、できれば塩水（購入した、または自家製、）

- 約 12 オンスのセミソフトで風味豊かなチーズ

方向

a) レッド チリ アイオリを作るには：小さなボウルに、にんにくをマヨネーズ、レモン汁、チリ パウダー、パプリカ、クミン、オレガノと混ぜます。よくかき混ぜます。スプーンまたは泡だて器で、オリーブ オイルを叩き込みます。一度に小さじ数杯のオイルを加え、残りを加える前に混合物に取り込まれるまで叩きます。

b) 滑らかになったら、スモークチリソースを振って味を調え、最後にコリアンダーをかき混ぜます。蓋をして、使用するまで冷やします。約 1/3 カップになります。

c) なすを下ごしらえするには、なすのスライスにオリーブ オイルを軽く塗り、厚めの焦げ付き防止フライパンを中火から強火にかけます。フォークで穴を開けたときに軽く焦げ目がついて柔らかくなるまで、ナスのスライスの両側をフライパンで焼きます。脇に置きます。

d) サンドイッチの作り方：開いたソフト ロールを並べ、内側に赤唐辛子のアイオリをたっぷりと重ねます。ロールの片側になすのスライスを重ね、次にピーマン、次にチーズの層を重ねます。閉じ

て、よく一緒に押します。各サンドイッチの外側にオリーブ オイルを軽く塗ります。

e) フライパンを中火から強火にかけ、サンドイッチを加えて中火から弱火にします。ウェイトダウンサンドイッチ、数分間調理します。下のパンがきつね色になり、所々少し焦げ目がついたら、ひっくり返して反対側も同じように重さを量って焼きます。

f) **5** その面も黄金色でカリカリになったら、チーズが溶けてねばねばしているはずです。少しにじみ出て、カリカリになっているかもしれません。（これらのおいしいクリスピービットを捨てずに、サンドイッチと一緒に各プレートに置いてください．）

g) サンドイッチを皿に移します。半分に切ってサーブします。

h) スモーキーベーコンとチェダーチポトレレリッシュ添え

i) スモーキーなチポトレのレリッシュ、ピリッとしたマスタード、肉のスモーキーなベーコン、強い辛味のあるチェダーチーズのスミア - この大きな風味のサンドイッチには微妙なものはありません．ハンバーグにもチポトレレリッシュを！側面にライムのくさびが付いたセルベザのグラスは、完璧に近づきます。

47. マッシュルームととろけるチーズのオルヴァン

奉仕する 4

材料：

- 1〜1$\frac{1}{2}$オンスの乾燥ポルチーニまたはセペ、
- 生クリーム 約$\frac{1}{2}$カップ
- 塩
- カイエンペッパー 数粒
- フレッシュレモンジュース数滴
- 小さじ 1/2 のコーンスターチを小さじ 1 の水と混ぜます
- パン・オ・ルヴァンまたはその他のフランスパン 8 枚
- パンに塗るソフトバター 大さじ 1 くらい
- 細かく刻んだにんにく 2 片
- スライスしたペコリーノ、フォンティーナ、またはメッツォセッコ チーズ 8 〜 10 オンス
- すりおろしたてのパルメザンチーズ 大さじ 4
- 細かく刻んだ新鮮なチャイブ 約$\frac{1}{4}$カップ

方向

a) 厚手の鍋にキノコと水 2 カップを入れます。沸騰したら火を弱め、液体がほとんど蒸発してきのこが柔らかくなるまで、10〜15 分間煮ます。
b) クリームをかき混ぜて数分間加熱し、塩、カイエン 1〜2 粒、レモン汁 1〜2 滴で味付けします。
c) コーンスターチの混合物をかき混ぜ、中弱火でとろみがつくまで温めます。端が泡立ち始めるとすぐに厚くなります。クリームの厚さはさまざまであるため、必要なコーンスターチの量を正確に知る方法はありません．
d) 十分にとろみがついたら、混合物を室温に置いて冷まします。冷やすとさらに濃厚になります。厚く広げられるコンシステンシーが必要です。
e) すべてのパンを並べ、各スライスの片面にバターを軽く塗ります。ひっくり返し、4 枚ににんにくを散らす。ペコリーノのスライス、ソースからのキノコの塊、パルメザンチーズをふりかけます。
f) 残りの食パン 4 枚（バターを塗っていない面）にマッシュルームソースを厚めに塗る。サンドイッチをしっかりと閉じます。バターを塗った面が外側になります。
g) 重い焦げ付き防止のフライパンを中火から弱火で加熱します。パンのサイズに応じて、一度に 1 つまたは 2 つのサンドイッチを追加し、重さで重さを量ります。重いフライパン）。
h) パンがきつね色になり、ところどころ薄茶色になり、カリカリになり、チーズがにじみ出てくるま

で焼きます。ひっくり返して、2番目の面が最初の面と同じくらい金色でカリカリになるまで繰り返し、調理の最後の1分ほどで刻んだにんにくを鍋に加えます．チーズは今ではとろけていて、数個のビットがにじみ出て、クラストの端で軽くカリカリになっているはずです．

i) お皿に盛り、半分か4分の1に切り、チャイブを散らします。すぐに食べなさい。冷えたグリルチーズサンドウィッチほどずぶぬれなものはありません。

48. シアバターチーズオッパとアーティチョーク添え

奉仕する 4

材料:

- スライスしたアーティチョークの心臓のマリネ 4〜6個
- 厚切りのカントリーブレッド 4枚（スイートまたはサワードウ）
- 12オンスのプロボローネ、モッツァレラチーズ、マヌーリ、またはその他のマイルドでとろけるチーズを細かく刻む
- エキストラバージンオリーブオイル 大さじ 2
- にんにく 4片（非常に薄くスライスまたはみじん切り）
- 赤ワインビネガー 大さじ 2 くらい
- ケーパー大さじ 1 杯、水気を切った塩水
- 砕いた乾燥オレガノ 小さじ 1
- 数回挽いた黒胡椒
- 新鮮なフラットリーフ パセリのみじん切り 小さじ 1〜2杯

方向

a) ブロイラーを予熱します。

b) パンの上にアーティチョークを並べて天板に並べ、チーズをのせます。

c) 焦げ付き防止のフライパンにオリーブオイルを中火で熱し、にんにくを加えて軽く焼き色をつける。赤ワインビネガー、ケッパー、オレガノ、ブラックペッパーを加え、1〜2分、または液体が小さじ2程度になるまで煮る。パセリをかき混ぜます。チーズをトッピングしたパンにスプーンをのせます。

d) チーズがとろけて泡立ち、ところどころ黄金色になるまで焼きます。すぐに食べなさい。

49. スロッピー&ベストサンド

奉仕する 4

材料：

- 4〜5 オンスの骨なし皮なし鶏の胸肉 2 枚、または豚肉、七面鳥肉、子牛のカツレツ
- 塩
- 黒コショウ
- エキストラバージン オリーブ オイル 大さじ 2 杯
- にんにく 3 かけ、みじん切り、分けておく
- ズッキーニ 2 本、非常に薄くスライスし、軽くたたいて乾かす
- バジルペスト 大さじ 2、またはお好みで
- すりおろしたパルメザン、グラナ、またはロテッリ ロマーノ チーズ 大さじ 2 杯
- ソフトサワードウ ロール 4 個、または 6 インチのフォカッチャ 4 個を半分に切ります
- 8〜10 オンスのモッツァレラ、国産またはデンマークのフォンティーナ、またはスライスしたジャックチーズ

方向

a) 肉槌で肉をたたきます。厚い場合は、鶏肉を非常に薄くスライスします。塩こしょうをふりかける。

b) 焦げ付き防止のフライパンを中火で熱し、大さじ1杯の油、肉、最後ににんにくの約半分を加えます。肉の片面、次にもう片面を素早く焼き、フライパンから取り出し、汁とにんにくを肉にかけます。

c) フライパンを中火に戻し、小さじ1程度の油を追加します。ズッキーニがちょうど柔らかくなるまで炒めます。ボウルに移します。塩こしょうで味を調えます。冷めたら、残りのにんにく、ペスト、パルメザン チーズを入れてかき混ぜます。混合物をボウルに入れて冷まします。鍋をすすぎ、乾かします。

d) 指で、各ロールのふわふわした内側を少し引き裂いて、詰め物を入れます。フライパンを再び中火で熱し、各ロールの切り口を軽くトーストします。少し押す必要があります。少し破れるかもしれませんが、大丈夫です。焼き色を付けて詰め物を入れた状態で押すと、再び元に戻ります。

e) 各ロールの半分に、大さじ数杯のズッキーニとペストの混合物を詰め、肉とモッツァレラチーズの層を上に置きます。閉じて、しっかりと一緒に押して、しっかりと密封します。

f) サンドイッチの外側に残った油を刷毛で塗ります。フライパンを再び中火～強火にかけます。ウ

ェイトサンドイッチそれらを押し下げて一緒に保つのに役立ちます。火を弱めの中火にし、片面がパリッと黄金色になり、チーズが溶け始めるまで焼きます。ひっくり返して繰り返す。

g) サンドイッチが黄金色になり、チーズがとろけるようになったらお召し上がりください。

50.　　　クサディーヤ ピアディン ピタ サンドイッチ

奉仕する 4

材料：

- 新鮮なヤギ 12 オンス にんにく 3 片、みじん切り
- 粗みじん切りにした新しょうが 約 1 インチ片（小さじ 2 杯程度）
- 粗く刻んだ新鮮なミントの葉 大さじ 3〜4
- 粗く刻んだ新鮮なコリアンダー 大さじ 3〜4
- プレーンヨーグルト 大さじ 3
- 小さじ 1/2 の砂糖、またはお好みで塩 ひとつまみ
- タバスコまたはその他のホットソースを数回振るか、みじん切りにした新鮮なチリの $\frac{1}{2}$
- 小麦粉のトルティーヤ 8 枚
- ルゼやモンラッシェなどの皮付きチーズを厚さ 1/2 から 3/4 インチにスライス
- トルティーヤを磨くためのオリーブオイル

方向

a) フードプロセッサーまたはブレンダーで、にんにくとしょうがをピューレ状にし、ミント、コリアンダー、ヨーグルト、砂糖、塩、ホットソースを

加えます。緑色の少し分厚いペーストになるまで回転させます。

b) トルティーヤを 4 枚並べ、最初にコリアンダーとミントの混合物を塗り、次にヤギのチーズを塗り、その上に他のトルティーヤをのせます。

c) 各サンドイッチの外側にオリーブ オイルを軽く塗り、焦げ付き防止の重いフライパンで中火で 1 つずつ調理します。わずかに金色の斑点ができるまで数分間焦げ目をつけ、ヘラで少し押しながら調理します。

d) スパチュラを使用して慎重にひっくり返します。2 番目の面が茶色と金色の斑点になったら、チーズを溶かします。鍋から取り出し、くし形に切ります。

e) すぐにサーブします。

51. モッツァレラ バジル ピアディン

奉仕する 4

材料：

- 4 ピアディンまたはミディアム (12 インチ) 小麦粉のトルティーヤ
- トマトペースト 大さじ 3〜4
- 完熟トマト大 1 個、薄切り
- にんにく 1〜2 片（みじん切り）
- スライスした新鮮なモッツァレラ チーズ 4〜6 オンス
- タイバジルまたはベトナムバジル（または普通のバジル）約 12 枚
- スライスまたは砕いたゴルゴンゾーラ チーズ 約 3 オンス
- すりおろしたばかりのパルメザンチーズまたはアジアーゴやグラナなどのすりおろしたチーズ 大さじ 2〜3
- 霧雨用エキストラバージン オリーブ オイル

方向

a) ブロイラーを予熱します。

b) 1〜2枚の天板にピアディンを並べ、トマトペーストを少し広げ、少量のトマトを重ね、にんにくを散らす。モッツァレラ、バジル、ゴルゴンゾーラをトッピングし、パルメザンチーズをふりかけ、オリーブオイルをたらす。

c) チーズが溶けてサンドイッチが焼けるように熱くなるまで、必要に応じてバッチで焼きます。すぐに奉仕します。

52.　かぼちゃのトルティーヤのカサディーヤ

奉仕する 4

材料：

- アナハイムやポブラノなどのマイルドな青唐辛子 2 個、または ピーマン 2 個
- 玉ねぎ 1 個、みじん切り
- にんにく 2 片（みじん切り）
- エキストラバージンオリーブオイル 大さじ 1
- 1 ポンドの赤身牛ひき肉
- 1/8—小さじ 1/4 の挽いたシナモン、またはお好みで
- クミン 小さじ $\frac{1}{4}$ 挽いたクローブまたはオールスパイス ひとつまみ
- 1/3 カップ辛口シェリー、または辛口赤ワイン
- レーズン $\frac{1}{4}$ カップ
- トマトペースト 大さじ 2
- 砂糖 大さじ 2
- 赤ワインまたはシェリービネガーを数シェイク
- 塩

- 黒コショウ
- チリの代わりにピーマンを使用している場合は、カイエン、またはタバスコを数回シェイクします。
- 粗く刻んだアーモンド $\frac{1}{4}$ カップ
- 粗く刻んだ新鮮なコリアンダー大さじ 2〜3、飾り用の追加
- かぼちゃのトルティーヤ 8 枚
- ジャック、マンチェゴ、メッツォ・セッコなどの 6〜8 オンスのマイルドチーズ
- トルティーヤを磨くためのオリーブオイル
- 飾り用サワークリーム 大さじ 2 くらい

方向

a) チリまたはペッパーを直火で、全体が軽く均等に焦げ目がつくまでローストします。ビニール袋やボウルに入れて蓋をする。蒸気が皮と肉を分離するのに役立つため、少なくとも 30 分間は取っておきます。

b) ピカディロの準備: 玉ねぎとにんにくをオリーブオイルで中火でしんなりするまで炒め、牛肉を加えて一緒に炒め、かき混ぜながら肉をほぐしま

す。肉に焼き色がついたら、シナモン、クミン、クローブをふりかけ、調理と攪拌を続けます。

c) シェリー酒、レーズン、トマトペースト、砂糖、酢を加える。時々かき混ぜながら、約15分間一緒に調理します。乾燥しているように見える場合は、少量の水またはシェリー酒を追加します。塩、こしょう、カイエンペッパーで味を調え、砂糖と酢で味を調えます。アーモンドとコリアンダーを加え、取っておきます。

d) ピーマンは皮、ヘタ、種を取り除き、細切りにする。

e) トルティーヤを4枚並べ、ピカディロを広げます。ローストペッパーストリップを追加し、次にチーズの層を追加し、それぞれに2番目のトルティーヤをのせます. しっかりと押し下げて、それらを一緒に保持します。

f) 重めの焦げ付き防止フライパンを中火から強火にかけます。ケサディーヤの外側にオリーブオイルを軽く塗り、数回に分けて鍋に加えます。

g) 中火から弱火にし、片面に焼き色を付け、必要に応じてスパチュラを手でガイドしながら慎重に裏返します。両面が黄金色になり、チーズが溶けるまで焼きます。

h) すぐにサーブし、くさびに切り、サワークリームとコリアンダーを添えます.

53. Porchetta Sandwich Pepita!

奉仕する 4

材料：

- 4 ピタ
- ローストして皮をむき、薄切りにした赤ピーマンまたは黄ピーマン 1/2 カップ
- にんにく 2 片（みじん切り）
- 4 オンスのペパロニ、薄切り
- 4 オンスのプロボローネ チーズ、さいの目に切った
- すりおろしたてのペコリーノチーズ 大さじ 2
- 薄くスライスした、ペパロンチーニなどのイタリアまたはギリシャのピクルス 4 個
- ピタを磨くためのオリーブオイル

方向

a) 各ピタの片面を切り開き、ポケットを作ります。
b) ピーマン、にんにく、ペパロニ、プロボローネ、ペコリーノ、ピーマンを各ピタに重ね、押して閉じます。オリーブオイルで外側を軽く磨きます。
c) 厚めのノンスティック スキレットを中強火で加熱するか、サンドイッチ メーカーまたはパニーニ

プレスを使用します。サンドイッチを鍋に入れます。

d) 火を弱め、重量を量るサンドイッチダウン、焦げ目を付けながら押します。チーズが溶けるまで調理します。すべてのフィリングを一緒に保持するためだけに、チーズを茶色にしてカリカリにしたくない．

e) すぐに奉仕します。

54. グリル焼きのチーズケサディヤ

奉仕する 4

材料：

- 大きな小麦粉のトルティーヤ 8 枚
- 生タラゴンのみじん切り 大さじ 1
- 完熟トマト 2 個、薄くスライス
- 8～10 オンスのやや乾燥した羊のチーズ
- トルティーヤのブラッシング用オリーブオイル

方向

a) 作業台にトルティーヤを広げ、タラゴンを散らし、トマトを重ねます。チーズをのせて、2 枚目のトルティーヤでそれぞれを覆います。
b) 各サンドイッチにオリーブ オイルを塗り、厚手のノンスティック スキレットまたはフラット グリルを中火で加熱します。一度に 1 つずつ作業し、片面でケサディーヤを調理します。きつね色で軽く斑点があり、チーズが溶けたら、裏返して 2 番目の面を焼き、焼きながら押して平らにします。
c) すぐにサーブし、くさびに切ります。

55. チェダーチーズのガーリックチャツネソーセージ

奉仕する 4

材料：

- 斜めにスライスした香ばしいスパイシーソーセージ 1〜2 本
- ポケットが開いた全粒粉のピタ 4 個
- 甘くてスパイシーなマンゴーチャツネ 大さじ 3〜4
- 新鮮なコリアンダーのみじん切り 大さじ 2
- 6〜8 オンスの熟成チェダー チーズ、粗く刻む
- パンを磨くためのオリーブオイル大さじ 1
- ひまわりの種の殻をむいてトーストしたもの 大さじ 3

方向

a) スライスしたソーセージをフライパンで中火で焼きます。それらをペーパータオルで水気を切るために取っておきます。

b) 作業面にピタを並べます。チャツネで内側の半分を広げ、ソーセージ、コリアンダー、最後にチーズを加えます。軽く押して閉じ、外側にオリーブオイルを塗ります。

c) 中程度の強火で重い焦げ付き防止のフライパンを加熱するか、パニーニプレスを使用します．詰めたピタを加えて軽く押します。熱を中または中低に下げます。片面がほんのり黄金色になり、チーズが溶けるまで焼きます。裏返して、2番目の面を軽く茶色にします。チーズが溶けたらフライパンから取り出す。

d) すぐにサーブし、ヒマワリの種をまぶして、軽くたたくために側面に追加のチャツネを提供します．

56. 生ハムとイチジクのサラダ オン メスクラン

奉仕する **4**

材料：

- サワー種のパンまたはバゲットの非常に薄いスライス **8** 枚
- エキストラバージン オリーブ オイル 大さじ **3** を分けて入れる
- **3**〜**4** オンスの生ハム、**8** つのスライスにカット
- **8** オンスの熟したタレッジョ チーズ、$8\frac{1}{4}$ インチの厚さにスライス
- サラダスプリングミックス（メスクラン）**4** 大握り
- 新鮮なチャイブのみじん切り 大さじ **2**
- 新鮮なチャービルのみじん切り 大さじ **2**
- レモン汁 大さじ **1** 塩
- 黒コショウ
- 熟した黒イチジク **6** 個（**4** 等分）
- バルサミコ酢 小さじ **1**〜**2**

方向

a) パンに少量のオリーブオイルを軽く塗り、天板に並べます。2 オーブンを 400°F に予熱します。一番上のラックにパンを置き、約 5 分間、またはパンがカリカリし始めるまで焼きます。取り出して、約 10 分間冷まします。

b) 冷めたら、生ハムのスライスをタレッジョのスライスに巻き付け、それぞれをパンの上に置きます。サラダを準備する間、少し時間を取っておきます。

c) 青菜に大さじ 1 杯のオリーブオイル、チャイブ、チャービルを混ぜ、レモン汁、塩、こしょうで味を調えます。4 皿に盛り付け、四分の一のイチジクを飾る。

d) 生ハムで包んだ小包の上部に残りのオリーブ オイルを刷毛で塗り、オーブン対応の大きなフライパンに入れ、5〜7 分間、またはチーズがにじみ出てきて生ハムの縁がカリカリになるまで焼きます。

e) 小包をすばやく取り出して各サラダに並べ、バルサミコ酢を熱した鍋に入れます。温めてから、サラダやトーストにかけます。すぐに奉仕します。

57. フォンティーナとエンダイブ、洋梨のサンド

奉仕する 4

材料：

- サワー種のパン 8 枚薄切りのブレザオラ 約 6 オンス

- 6 - フォンティーナ、ヤールスバーグ、エメンタールなどのナッツのような、風味豊かなとろけるチーズ 8 オンス

- ベビールッコラと水菜、または春のミックスなどの他の柔らかい野菜を混ぜた約 4 カップ

- 熟しているが固い洋ナシ 2 個を薄くスライスまたは千切りにし、変色しないように少量のレモンジュースをまぶす

- エシャロット 1 個（みじん切り）

- バルサミコ酢 大さじ 1

- エキストラバージン オリーブ オイル 大さじ 2 と、ブラッシング用の追加の塩

- 黒コショウ

方向

a) 作業台にパンを 4 枚並べ、片面にブレザオラを置き、チーズをのせ、最後にサワードウの他のスラ

イスをトッピングします。軽く、しかししっかりと一緒に押して密封します。
b) その間、ボウルにグリーンをスライスした洋ナシと混ぜます。脇に置きます。
c) 小さなボウルにエシャロットをバルサミコ酢と大さじ2杯のオリーブオイルと混ぜ合わせ、塩こしょうで味を調えます。脇に置きます。
d) サンドイッチに少量のオリーブオイルを塗ります。サンドイッチプレスまたは厚めの焦げ付き防止フライパンを中火から強火にかけ、サンドイッチをフライパンに入れます。おそらく、これを2バッチで行う必要があります。サンドイッチの重さを量る．パンがカリッと黄金色になるまで焼き、ひっくり返し、チーズが溶けるまで裏面も同様に焼きます。
e) サンドイッチの準備が整う直前に、サラダをドレッシングで和えます。サラダを4皿に分けます。サンドイッチの準備ができたら、パンから取り出し、4分の1に切り、サラダの各プレートに4を置きます。
f) すぐに奉仕します。

58. シェーブルサンドイッチサラダ

奉仕する 4

材料：

- 約 ½ バゲット、厚さ約 ½ インチの 12 の斜めスライスにカット
- エキストラバージン オリーブ オイル 大さじ 2、または必要に応じて
- Lezay などの皮付きの 3 オンスのヤギのチーズを 1/4 から 1/2 インチの厚さにスライス
- 乾燥したまたは新鮮なタイムの葉の寛大なピンチ
- 黒コショウ
- 赤ワインビネガー 大さじ 1
- 若菜とルッコラを少し含む、春のミックスなどの緑のミックス 約 6 カップ
- みじん切りにした新鮮なパセリ、チャイブ、チャービル、またはその組み合わせ 大さじ 2 杯
- クルミ油 大さじ 1
- くるみ 1/4 カップ

方向

a) ブロイラーを予熱します。

b) バゲットのスライスに少量のオリーブ オイルを塗り、天板に並べて約 5 分間、または片面だけが黄金色になるまで焼きます。ブロイラーから取り出します。

c) トーストしたパンを裏返して、トーストしていない側に山羊のチーズを 1~2 枚置きます。サンドイッチごとに使用する量は、バゲットのスライスの大きさによって異なります。上部に少量のオリーブ オイルを振りかけ、タイムと黒胡椒をふりかけ、チーズの上にビネガーを数滴振ります。

d) その間、刻んだハーブと一緒にサラダをトスし、くるみ油と残りのオリーブ オイルと酢で和え、くるみのかけらをふりかけます。4 枚の大きなプレートまたは浅いスープ ボウルに配置します。

e) ヤギのチーズをトッピングしたトーストをブロイラーの下に置き、約 5 分間、またはチーズが柔らかくなり、上部が所々泡立ち始めるまで、チーズの色が黄金色に変わるまで焼きます。

f) すぐに、各プレートのドレッシングサラダの上にホットゴートチーズサンドイッチを 3 つ置き、すぐにサーブします.

59.　ハルミサンドイッチライムと

奉仕する 4

材料：

- バターまたはボストン ビブ レタス 1 枚を切り落とし、葉に分けます
- 白ねぎ 1 個（皮をむき、斜め薄切り）
- エキストラバージン オリーブ オイル 大さじ 4（分けて入れる）
- 白ワインビネガー 小さじ 1
- くし形に切った大きな完熟トマト 3 個
- 塩
- 黒コショウ
- 1/2 バゲット、厚さ約 1/2 インチの 12 の斜めスライスにカット
- 厚さ約 1/2 インチにスライスした 12 オンスのハルーミ
- くさび状に切ったライム 2 個 (または新鮮なライム ジュース大さじ 2 杯) ドライ オレガノ ひとつまみ

方向

a) ブロイラーを予熱します。

b) 大きなボウルにレタスとタマネギを入れて和え、オリーブオイルとビネガー大さじ2を和えます。4皿に分け、それぞれにトマトのくさびを飾ります。サラダに塩こしょうをふりかけ、取っておきます。

c) バゲットのスライスにオリーブオイルを刷毛で塗り、天板に並べ、両面を軽く焼きます。脇に置きます。

d) ハルーミを天板に並べ、オリーブオイルを刷毛で塗る。片面に焼き色がつくまで焼き、取り出します。チーズの各スライスを裏返してトーストの上に置き、オリーブオイルをもう一度塗り、ブロイラーに戻します。熱くなり、部分的に軽く焦げ目がつくまで焼きます。

e) 各サラダにハルーミをトッピングしたホットトーストを3枚置き、ハルーミの上にライムジュースを絞り、サラダに少し霧雨を降らせます．オレガノをふりかけてお召し上がりください。

60. トリュフトースト&ルッコラのサラダ

奉仕する 4

材料：

- パン・オ・ルヴァンのかなり厚いスライス 4 枚、各スライスを 4 等分
- トリュフ オイル 小さじ 2 程度、またはお好みで（トリュフ オイルの種類によって風味は大きく異なります）
- 熟したサン マルセラン チーズ 2 個 (各約 2½ オンス)
- 塩ひとつまみ
- 約 8 オンスの若いルッコラの葉 (ゆるく詰められた約 4 カップ)
- エキストラバージン オリーブ オイル 大さじ 2 シェリービネガー 数振り

方向

a) オーブンを 400°F に予熱します。
b) パン・オ・ルヴァンを天板に並べ、オーブントースターで両面を軽く焼きます。オーブンから取り出し、それぞれにトリュフ オイルを少しふりかけ、各トーストの上に大さじ 1 杯ほどのサン マルセラン チーズをのせます。

c) チーズに軽く塩をふりかける。しばらくオーブンに戻ります。
d) その間にルッコラを 4 皿に並べる。各皿に少量のオリーブ オイル、少量のトリュフ オイル、そしてあちこちにシェリー ビネガーを数滴振りかけます。投げないで、単に液滴をプレートの上に置きます。
e) チーズトーストをオーブンから 30〜45 秒で取り出します。チーズが完全に溶けたり、ジュージューと音を立てて油っぽくなったりするのは望ましくありません。少し暖かくクリーミーになりたいだけです。
f) 各サラダプレートに 4 つのホットトーストを置き、すぐに提供します.

61. いちごとクリームチーズのトースト

奉仕する 4

材料：

- カラやブリオッシュなど、中程度の厚さのスライス 8 枚の柔らかくて甘い白パン
- 大さじ 8〜12（約 8 オンス）のクリームチーズ（低脂肪で問題ありません）
- いちごジャム 約 $\frac{1}{2}$ カップ
- スライスしたいちご 1 カップ（約 10 オンス）
- 軽く溶いた大きな卵 2 個
- 卵黄 1 個
- 牛乳 約 $\frac{1}{2}$ カップ (低脂肪で問題ありません)
- バニラエッセンス 少々
- 砂糖
- 無塩バター 大さじ 2〜4
- 小さじ 1/2 のフレッシュレモンジュース
- サワークリーム $\frac{1}{2}$ カップ
- 薄くスライスした新鮮なミントの小枝数本

方向

a) 4枚の食パンにクリームチーズを厚めに広げ、調理中にクリームチーズがはみ出さないように少し横に細くし、残りの4枚の食パンにジャムをのせます。
b) クリームチーズの上にいちごを薄く散らします。
c) チーズを塗ったパンの各部分の上に、ジャムを塗ったパンをのせます。優しく、しっかりと押して密閉します。
d) 浅いボウルに卵、卵黄、牛乳、バニラエッセンス、砂糖大さじ1を入れて混ぜる。
e) 重めの焦げ付き防止フライパンを中火から強火にかけます。バターを加える。牛乳と卵を入れたボウルにサンドイッチを1つずつ浸します。1〜2分浸したら、ひっくり返して繰り返します。
f) サンドイッチを溶かしバターと一緒に熱したフライパンに入れ、きつね色になるまで焼きます。裏返して、2番目の面を軽く焼きます。
g) その間に、残りのイチゴに砂糖とレモン汁を加えて味を調えます。
h) 完成したらすぐに各サンドイッチを提供し、スプーン1杯または2杯のイチゴとサワークリームを添えます.
i) ミントも少しふりかけます。

62. ブレッドプディングサンドイッチ

奉仕する 4

材料：

- 3/4 カップパックのライトブラウンシュガー
- 砂糖 $\frac{1}{4}$ カップ
- クローブ 5〜6 個
- 1/ 小さじ 8 杯の挽いたシナモン、さらに上でシェイクするための余分な量
- 皮をむかずに薄くスライスした、グラニー スミスなどの大きなピリッとしたリンゴ 1 個
- レーズン $\frac{1}{4}$ カップ
- バニラエッセンス 小さじ $\frac{1}{2}$
- 8 枚の厚さ (3/4 から 1 インチ) にスライスしたフランスパン、できれば古いもの
- 6〜8 オンスのマイルドなとろけるジャック チーズ、またはスライスした非常にマイルドなホワイト チェダー
- ブランチしたアーモンドまたは松の実 1/2 カップ
- バター 大さじ 3 くらい
- オリーブオイル 大さじ 1

方向

a) 私底の厚い鍋で、ブラウン シュガーと大さじ 2 杯の砂糖、クローブ、シナモンを混ぜ合わせます。2 カップの水を加え、かき混ぜてよく混ぜます。

b) 中火にかけ、沸騰したら中火から弱火に落とし、液体が軽く泡立つまで煮ます。15 分間、またはシロップが形成されるまで調理します。リンゴのスライスとレーズンを加え、さらに 5 分間調理します。火からおろし、バニラを加える。

c) あパンのスライスを作業面に並べます。パンの各部分にホットシロップをスプーンで、1 個あたり大さじ数杯。慎重に各ピースを裏返し、2 番目の面にホットシロップをスプーンでかけます. 30 分ほど放置。

d) パンのスライスごとに約 1 杯程度、パンにもう少しシロップをスプーンでかけます. 甘いシロップを吸うとパンがかなり柔らかくなり、崩れる恐れがありますので、取り扱いにはご注意ください。さらに 15 分ほど放置。

e) 浸した食パン 4 枚の上にチーズ 1 枚を乗せる。それぞれに約 $\frac{1}{4}$ のリンゴ、レーズン、アーモンドをふりかけます (最後にいくつか取っておきます)。残りの食パンをのせて 4 枚のサンドウィッチを作る。一緒に押します。

f) 焦げ付き防止のフライパンを中火で熱し、バターとオリーブ オイルをそれぞれ大さじ 1 杯ずつ加えます。バターが泡立って茶色くなったら、サンドイッチを追加します。中火に弱火にし、ヘラで軽く押さえながら加熱する。サンドイッチが焦げ目がついたら火を調整し、必要に応じて温度を下げて、シロップの砂糖が焦げないようにします。

g) サンドイッチを数回ひっくり返し、パンにバターを追加します。ひっくり返すときにサンドイッチがバラバラにならないように注意してください。サンドイッチの外側がこんがりと焼き色がつき、チーズが溶けるまで、時々押します。

h) この状態になる 1〜2 分前に、残りのアーモンドを鍋に入れ、軽くトーストして茶色にします．サンドイッチとアーモンドに残りの砂糖大さじ 2 をふりかけます。

i) 各サンドイッチにトーストしたアーモンドをまぶして、すぐにサーブします。

63. グリーン&チーズバーガー

収量: 4人前

材料：

- きのこ（みじん切り） $1\frac{1}{2}$ カップ
- $\frac{1}{2}$ カップ ねぎのみじん切り
- マーガリン 大さじ 1
- ロールドオーツ、レギュラー $\frac{1}{2}$ カップ
- 炊いた玄米 $\frac{1}{2}$ カップ
- $\frac{2}{3}$ カップ シュレッドチーズ、モッツァレラ
- またはチェダー
- 刻んだクルミ 大さじ 3
- カッテージチーズまたはリコッタチーズ 大さじ 3
- 低脂肪
- 卵大 2 個
- パセリのみじん切り 大さじ 2
- 塩コショウ

方向

a) 中火にかけた 10 ～ 12 インチの焦げ付き防止フライパンで、きのことネギをマーガリンで野菜が柔らかくなるまで約 6 分間調理します。オート麦を加えて 2 分間かき混ぜます。

b) 火から下ろし、少し冷ましてから、炊いたご飯、チーズ、クルミ、カッテージ チーズ、卵、パセリをかき混ぜます。塩こしょうを加えて味を調えます。油を塗った 12X15 インチの天板に、それぞれ 1/2 インチの厚さの 4 つのパテを作ります。

c) 火から 3 インチのところを 1 回ひっくり返して、合計 6 ～ 7 分焼きます。パンにマヨネーズ、オニオンリング、レタスを添えて。

64. ブラックアンガスバーガーチェダーチーズ焼

収量: 1人前

材料：

- 2ポンドのアンガス牛ひき肉
- 3ポブラノペッパーのグリル、種と；3分の1にスライス
- イエローチェダーチーズ6切れ
- 6ハンバーガー ロール
- ベビーレッドオークレタス
- 赤玉ねぎのピクルス
- ポブラノペッパービネグレット
- 塩と挽きたての黒胡椒

方向

a) 薪または炭火を準備し、燃え尽きるまで待ちます。

b) 大きなミキシング ボウルで、アンガス ビーフに塩とコショウで味付けします。使用するまで冷蔵します。使用する準備ができたら、厚さ1インチのディスクに成形します。

c) ミディアムレアで片面5分ずつ焼きます。最後の5分間はチェダーチーズをトッピング。グリルが終わったら、ロールの半分にハンバーガーを置き、ベビーレッドオーク、ポブラノペッパー、ビネグレットソース、赤玉ねぎのピクルスをのせます。すぐにサーブします。

65. グリルドアメリカンチーズとトマトのサンドイッチ

収量: 4人前

材料：

- 食パン 8切れ
- バター
- からし
- アメリカンチーズ 8切れ
- トマト 8切れ

方向

a) サンドイッチごとに、2枚の白パンにバターを塗ります。バターを塗っていない側に用意したマスタードを塗り、アメリカン チーズ 2切れとトマト 2切れをパンの間に挟み、バターを塗った面を外側にします。

b) フライパンで両面焼き色をつけるか、チーズがとろけるまで焼きます。

66. リンゴチーズカツサンド

収量: 2人前

材料:

- レッドデリシャスアップル（小）1個
- $\frac{1}{2}$ カップ 1% 低脂肪カッテージ チーズ
- 紫玉ねぎのみじん切り 大さじ 3
- サワードウ イングリッシュ マフィン 2個、割ってトースト
- 砕いたブルーチーズ $\frac{1}{4}$ カップ

方向

a) りんごの芯を取り、横方向に 4つ (1/4 インチ) の輪切りにします。脇に置きます。

b) 小さなボウルにカッテージチーズと玉ねぎを入れてよく混ぜます。各マフィンの半分に大さじ 2〜1/2 杯のカッテージチーズ混合物を広げます。

c) 各マフィンの半分にリンゴの輪を 1 つ付けます。砕いたブルーチーズをアップルリングに均等に振りかけます。天板に置きます。

d) 1〜1/2 分間、またはブルーチーズが溶けるまで、熱から 3 インチ焼きます。

67. 茄子とチーズの包み焼き

収量: 1人前

材料：

- 250グラムの子茄子。スライスに切る
- オリーブオイル 大さじ4
- ハードゴートチーズ 250グラム
- すりおろしたレモンの皮と果汁1個分
- 120グラムの新鮮な平らな葉のパセリ; みじん切り
- 115グラムのバジルの葉; 粉々に引き裂かれた
- 塩と挽きたての黒胡椒

方向

a) グリルを中火に予熱します。

b) ナスのスライスをグリルパンに置き、大さじ1〜2杯の油で軽く磨きます。片面2〜3分、またはきつね色になり柔らかくなるまで焼きます。冷まします。

c) ボウルに、角切りチーズをレモンの皮とジュース、平らな葉のパセリとバジルの一部と混ぜ合わせます。

d) なすのスライスにチーズをのせます。丸めてカクテルスティックで固定します。すべての材料が使用されるまで、このプロセスを繰り返します。

e) ロールパンをサービング ボウルに入れ、残りのオイルの上に小雨を降らせ、残りのハーブを振りかけ、味付けします。

68. ブレチーズのグリルサンドイッチクロ添え

収量: 1人前

材料：

- 砕いたブルーチーズ 1 カップ。(約 8 オンス)
- 細かく刻んだロースト クルミ 1/2 カップ
- 全粒粉パン 16 枚。にトリミング
- ；クラストレス 3 インチ
- ；正方形
- クレソンの小枝 16 本
- 大さじ 6 バター; (3/4 スティック)

方向

a) チーズとくるみを 8 枚のパンに均等に分けます。それぞれに 2 本のクレソンの小枝をのせます。

b) コショウをふり、残りの四角いパンをのせて、合計 8 個のサンドイッチを作ります。軽く押し合わせて密着させます。（4時間前に作ることができます。カバーして冷やしてください。）

c) 大さじ 3 杯のバターを大きなテフロン加工のグリドルまたはフライパンで中火で溶かします。黄金色の茶色とチーズが溶けるまで、鉄板で 4 つのサンドイッチを片面約 3 分間調理します。

d) まな板に移します。残りの大さじ **3** 杯のバターと **4** つのサンドイッチで繰り返します.

e) サンドイッチは斜め半分に切る。お皿に移してサーブします。

69. グリルドチーズハムのサンドイッチ

収量: 1人前

材料：

- ¼カップ（1/2 スティック）のバター; 室温
- ディジョンマスタード 大さじ 1
- フレッシュタイムのみじん切り 小さじ 2
- みじん切りにした新鮮なパセリ 小さじ 2
- 6x4 インチのカントリースタイルのパン 8 枚。（厚さ約 1/2 インチ）
- 1/2 ポンドのチェダーチーズ; 薄切り
- ¼ポンド薄切りスモークハム
- ½小赤玉ねぎ; 薄切り
- 大きなトマト 1 個; 薄切り

方向

a) 最初の 4 つの材料をボウルで混ぜます。塩こしょうで味を調えます。食パンを 4 枚並べる。

b) チーズの半分をパンのスライスに均等に分けます。ハム、タマネギ、トマト、残りのチーズをのせます。残った食パンでトップサンド。サンドイッチの上と下の外側にハーブバターを塗ります。

c) 中火で大きな焦げ付き防止フライパンを加熱します。サンドイッチを加えて、底が黄金色になるまで約 3 分間調理します。サンドイッチをひっくり返し、フライパンに蓋をして、チーズが溶けてパンが黄金色になるまで、約 3 分間調理します。

70.　　　パテチーズとベーコンのガレ

収量: 100 食分

材料:

- 12 ポンドのベーコン; スライスされた
- 5 3/16 ポンドのチーズ
- 2 ポンドバタープリントシュア.
- 食パン 200 枚

方向

a) ベーコンを炒める

b) 各サンドイッチにスライス チーズ 1 枚とスライス ベーコン 2 枚を置きます。

c) サンドイッチの上下にバターまたはマーガリンを軽く塗ります。

d) サンドイッチの両面に軽く焼き色がつき、チーズが溶けるまでグリルします。

71. グリルチーズのブルスケッタ

収量: 4人前

材料：

- 8 (1/2 インチ) の厚さのカントリーブレッドのスライス
- 1/4 カップのオリーブ オイルと 4 クローブの砕いたニンニクを混ぜたもの
- 細かくすりおろしたモントレー ジャック チーズ 1 カップ
- 8 オンスのソフトゴートチーズ
- 粗挽き黒コショウ 大さじ 2
- 細かく刻んだオレガノ 大さじ 2

方向

a) グリルを予熱します。パンの各スライスをガーリック オイルで磨きます。軽くきつね色になるまで、油面を下にしてグリルします。

b) 各スライスを裏返して、大さじ 2 杯のモントレー ジャック、1 オンスの山羊チーズ、黒コショウ、オレガノをのせます。

c) チーズが溶け始めるまで焼きます。

72. グリチーズバガー

収量: 4人前

材料：

- サワードウまたはマルチグレイン 8 切れ
- パン
- ½カップ クランベリーソース
- 6オンスの七面鳥、調理してスライス
- 4オンスのチェダーチーズ、マイルドまたは
- 鋭利な薄切り
- バター

方向

a) 4枚のパンにクランベリー ソースを塗ります。その上にターキー、チーズ、残りのスライスしたパンをのせます。

b) バターでサンドイッチの外側に軽く広げます。大きなフライパンで弱火～中火で両面焼き色がつくまで焼く。

73. チーズがガルフレンチトースト

収量: 4人前

材料：

- 卵 2 個 -- 溶きほぐす
- $\frac{1}{4}$ カップの牛乳
- $\frac{1}{4}$ カップドライシェリー
- ウスターソース 小さじ $\frac{1}{4}$
- 食パンまたは全粒粉食パン 8 枚
- チェダーチーズ 4 切れ

方向

a) 浅いボウルに、卵、牛乳、シェリー酒、ウスターシャーを混ぜます。

b) 4つのチーズサンドイッチを組み立て、それぞれを卵の混合物に浸し、バターでゆっくりとグリルし、一度ひっくり返して両面をきつね色にします。

74. 焼きチーズパン

収量: 10 食分

材料：

- 1 パック（3 オンス）のクリームチーズ；柔らかくなった
- 大さじ 2 バターまたはマーガリン；柔らかくなった
- 細切りモッツァレラチーズ 1 カップ
- $\frac{1}{4}$ カップ みじん切りねぎ
- 小さじ $\frac{1}{2}$ ガーリックソルト
- 1 斤のフランスパン；スライスされた

方向

a) ミキシングボウルで、クリームチーズとバターを混ぜます。チーズ、玉ねぎ、にんにく塩を加えます。よく混ぜます。パンの各スライスの両面に広げます。頑丈なホイルの大きな部分でパンを包みます。しっかりと密封します。

b) ふたをして中火で 8 〜 10 分間グリルし、一度回転させます。ホイルをほどきます。5 分長くグリルします。

75. グリチーズサンドパイ

収量: 4人前

材料：

- 卵 1 個
- 牛乳 1 カップ
- $\frac{3}{4}$ カップ 小麦粉
- Meunster チーズ $2\frac{1}{2}$ カップ - 細切り
- 小さじ $\frac{1}{2}$ 塩
- 2 カップ ハム、砕いたベーコン -- さいの目に切った
- コショウ 小さじ $\frac{1}{8}$
- キノコ
- 小さじ 1 杯のオレガノ
- コショウ

方向

a) 小さなミキシング ボウルで、卵、小麦粉、塩、コショウ、半分の牛乳を混ぜ合わせます。

b) ロータリービーターを使用して、滑らかになるまで叩きます。残りの牛乳を加えてよく混ぜます。チーズの半分とハムまたはベーコンをかき混ぜ、よく油を塗った 8 インチのパイ皿または 2 クォートのグラタン皿に注ぎます。

c) 425F で 30 分間焼きます。残りのチーズを上にふりかけ、チーズが溶けるまで焼きます（2 分）

76. アーティチョークとチーズのグリル

収量: 4人前

材料：

- ディジョンマスタード 小さじ 2
- 8オンスのサンドイッチ ロール (4 ロール) 分割してトースト
- 3/4 オンスの無脂肪アメリカン チーズ スライス (8 スライス)
- スライスした水気を切った缶詰のアーティチョークのハート 1 カップ
- 1 トマト 1/4 インチの厚さにスライス
- ノンオイルイタリアンドレッシング 大さじ 2

方向

a) 各ロールの上半分に小さじ 1/2 のマスタードを広げます。脇に置きます。

b) ロールの下半分を天板に置きます。それぞれにチーズスライス 2 枚、スライスしたアーティチョーク $\frac{1}{4}$ カップ、トマトスライス 2 枚をのせます。小さじ 1〜1/2 のドレッシングでそれぞれを霧雨にします。2 分間、またはチーズが溶けるまで焼きます。ロールの上で覆います。収量：4 人前。

77.　オリーブ効いたチーズベーグル

収量: 1人前

材料：

- 2切れの白パンまたは卵パン。(カラ)
- マヨネーズ 少量
- スイスチーズ
- 完熟トマトの薄切り
- 塩とコショウ

方向

a) パンの各スライスにオリバーダを塗り、マヨネーズを少々。

b) スライスしたトマトの有無にかかわらず、パンの間にスライスしたチーズを1〜2枚挟みます。

c) チーズが溶けるまで、サンドイッチを両側でソテーまたはグリルします。

78. 七面鳥の燻製とアボカドを添えたチーズベーグル

収量: 1人前

材料：

- 3オンスの全乳モッツァレラチーズ
- しっかり熟したカリフォルニアアボカド 1/2 個
- 大さじ 2 無塩バター; 柔らかくなった
- 固いパンパーニッケル 4 切れ
- ディジョンマスタード 大さじ 1
- 薄切りスモークターキー 6 オンス
- 最短 45 分でご用意できます。

方向

a) 食パンの片面にバターを塗り、ひっくり返す。

b) スライスしたパンにマスタードを塗り、その上にモッツァレラチーズ、アボカド、ターキーを 2 枚のせます。

c) 七面鳥肉に塩こしょうで下味をつけ、残りの 2 枚のパンのスライスをバターを塗った面を上にしてのせます。

d) 厚手のスキレットを適度な熱で熱くなるまで熱しますが、煙が出ないようにし、サンドイッチをパンがカリカリになり、チーズが溶けるまで、片面約1分半ずつ加熱します。

e) キュウリのサラダとサンドイッチを提供します。

79.　山盛チーズトーストグリルチキン

収量: 1人前

材料：

- 山羊のチーズ 125 グラム
- にんにく 1 片; 破砕されました
- レモン半分; の熱意
- 50 グラムのブラックオリーブ; 投石とみじん切り
- 鶏むね肉 1 枚
- オリーブオイル
- カントリーブレッド 1 切れ
- パセリの葉 数枚
- 1 つの小さなエシャロット; スライスされた

方向

a) 最初の 4 つの材料を混ぜ合わせ、取っておきます。

b) 鶏肉に下味を付け、オリーブ オイルを刷毛で塗り、片面 6 〜 8 分、または火が通るまで焼きます。

c) パンを焼き、チーズミックスを塗る。鶏肉をスライスして上に並べる。

d) 最後にパセリとエシャロットを少量のオリーブオイルで和え、上に並べる。

80. グリルチーズのホットサンド

収量: 2 人前

材料：

- 白パンまたは小麦パン 4 切れ
- チポトレチリのピューレ 小さじ 2
- 5 オンスのチーズ - 細かく刻むか薄くする
- 1 完熟トマト -- スライス
- 赤玉ねぎの薄切り
- パクチーの葉 -- 粗めに
- みじん切り
- ソフトバター

方向

a) パンの各部分に、裏ごししたチリの薄いコーティングを広げます。サンドイッチが本当に熱いのが好きな場合は、それ以上に広げます。

b) 一番下のスライスをチーズ、トマト、オニオンのスライス、好きなだけコリアンダーで覆います。2枚目の食パンをのせてバターを塗る。

c) サンドイッチをバター面を下にして、鋳鉄製のフライパンに入れます。パンの上にもバターを塗り、サンドイッチをゆっくりと焼きます。

d) 底面に焼き色がついたらひっくり返し、反対側も焼きます。カバーパンは、パンがカリカリになり黄金色になるまでにチーズを溶かすのに役立ちます．

e) すぐに食べなさい。

83. 鶏ひき肉のチーズ焼き

収量: 4人前

材料：

- 柔らかくしたクリームチーズ 3 オンス
- 砕いたブルーチーズ $\frac{1}{2}$ カップ
- 刻んだクルミ $\frac{1}{4}$ カップ
- チャイブ 大さじ 3
- $\frac{3}{4}$ 小さじ コショウ（分けて）
- 8 骨と皮のない鶏の胸肉
- バター 1/2 カップ
- にんにく（大、みじん切り）1 片

方向

a) チーズ、クルミ、大さじ 1 のチャイブ、小さじ 1/4 のコショウを混ぜ合わせます。脇に置きます。鶏の胸肉を約 1/4 インチの均一な厚さに叩きます。

b) 4 つの鶏胸肉の半分の中央に大さじ 1 杯のチーズ混合物を広げ、すべての側面に 1/2 インチの境界を残します。残りのチーズ混合物を予約します。

c) 残りの胸の半分を上に置きます。

d) ミートパウンダーで叩いてエッジをしっかりとシールします。バター、にんにく、残りの大さじ2杯のチャイブと小さじ1/2のコショウを小さな鍋に入れます。バターが溶けるまで弱めの中火で加熱します。暑さから削除。バター混合物で鶏肉をたっぷりと磨きます。

e) 鶏肉を中火のグリルで焼きます。蓋をせずに12〜16分間グリルし、1回または鶏肉に火が通って肉汁がなくなるまで回します。

f) 調理時間の最後に、残りのチーズ混合物を各サービングにのせます。すぐにサーブします。

84. ビーフフィレのブルーチーズ巻

収量: 4人前

材料：

- 砕いたブルーチーズ 3〜4 オンス
- 卵黄 6 個
- エメリルズ ウスターシャー 小さじ 1
- ソース
- レモン汁 1 個分
- 塩とひびの黒
- コショウ
- 生クリーム 1/2 カップ
- 6 (8 オンス) のビーフ フィレ
- オリーブオイル 大さじ 2
- エッセンス
- 1.5 ポンドの新じゃがいも、4 等分
- スティックバター 1 本（大さじ 8）
- 立方体
- 塩、お好みで
- 生クリーム 1/2 カップ

- 刻んだカリカリベーコン 1 ポンド
- サワークリーム $\frac{1}{2}$ カップ
- エメリルの自家製 3 カップ
- ウスターソース
- フォロー
- 大さじ 2 刻みネギ

方向

a) 金属製のブレードを備えたフードプロセッサーで、チーズ、卵黄、ウスターソース、レモン 1 個分の果汁を一緒に滑らかになるまで約 2 分間ピューレにします。塩こしょうで味をととのえる。

b) マシンが作動している状態で、1/2 カップのクリームをゆっくりと加え、滑らかでクリーミーになるまで混ぜ合わせます。

c) チーズにリボン状の食感がない場合は、生クリームを少し足してください。切り身の両面にオリーブオイル大さじ 1、塩、粗びき黒コショウで下味をつける。大きなソテーパンで、残りのオリーブオイルを加熱します。

d) 油が熱くなったら、フィレを両面 2 分間焼きます。フライパンからフィレを取り出し、羊皮紙で裏打ちされたローストパンに置きます。

e) 各フィレの上にチーズをスプーンでかけます。フィレをオーブンに入れ、ミディアムレアで 8〜10 分焼きます。じゃがいもを鍋に入れ、水で覆います。水を塩で味付けします。液体を沸騰させ、弱火にします。

f) フォークが柔らかくなるまでジャガイモを約 10 分間調理します。じゃがいもを火から下ろし、水気を切ります。じゃがいもを鍋に戻します。

g) 鍋をストーブに戻し、中火にかけ、じゃがいもを 1 分間かき混ぜます。これにより、じゃがいもから余分な水分が取り除かれます。バターとクリームを加える。塩こしょうで味を調えます。じゃがいもを少し滑らかになるまでつぶします。マッシュポテトにベーコンとサワークリームを入れます。

h) 必要に応じてジャガイモを再味付けします。提供するには、各プレートの中央にジャガイモを盛り付けます。フィレをジャガイモの上に直接置きます。ローストパンの残りのソースを各フィレの上にスプーンでかけます。各切り身の上にウスターソースをスプーンでかけます。ねぎを飾ります。

85. 焼きおばけかぼちゃのチーズサンド

収量: 16 人前

材料：

- 白パンまたは全粒粉パン 16 枚
- ジャックなどのホワイトチーズ 8 切れ
- 種の入ったブラックオリーブ（大）4 個
- チェダーチーズ 8 切れ
- 刻んだブラックオリーブ 1 缶
- 種の入ったグリーンオリーブ（大）4 個
- ピメントスライス 12 枚

方向

a) ゴーストクッキーカッターを 1 枚のパンのスライスに押し込みます．カッターの周りの余分なパンをはがして捨てます。幽霊の形をしたパンを脇に置きます。さらに 7 枚のパンのスライスで繰り返します。残りの食パンも同じようにかぼちゃの型抜きでかぼちゃ型に切ります。

b) 「お化け」と「かぼちゃ」をブロイラーの下で、きつね色になるまで約 1 分間トーストします。ひっくり返して、反対側で繰り返します。

c) パンをオーブンから取り出し、脇に置きます。ゴースト クッキー カッターを使用して、ホワイト チーズのスライスから 8 つのゴーストの形を切り取ります。小さくて鋭いナイフで、各ホワイト チーズ スライスに 2 つの穴を開けます。チーズが溶けたときに「目」が開いたままになるのに十分な大きさであることを確認してください。ブラックオリーブは縦半分に切る。

d) 幽霊の目が行く場所に幽霊のパンのスライスを置きます。オリーブの上に目の穴が開いたゴーストブレッドスライス 1 枚に、ゴーストシェイプのスライスホワイトチーズ 1 枚を置きます。残りのゴーストブレッドとホワイトチーズで繰り返します。

e) パンプキン クッキー カッターを使用して、オレンジ チーズのスライスから 8 つのパンプキンの形を切り取ります。各チーズ スライスに 2 つの目と口の穴を切ります。パンプキン スライスの表面を刻んだブラック オリーブで覆います。グリーンオリーブは縦半分に切る。

f) 茎にグリーンオリーブのスライスを 1 つ置き、フィットするようにトリミングします。パンとオリーブの上にオレンジチーズをのせます。ピーマンのスライスを口の穴に入れます。

g) すべてのサンドイッチを天板に置き、チーズがわずかに溶けるまで 1〜2 分、ブロイラーの下に置きます。サンドイッチ 16 個分。

86. 焼きのぶどうの葉焼たやきチーズ

収量: 16 人前

材料：

- 大きな新鮮なブドウの葉 16 枚
- （または塩水に漬けたぶどうの葉）
- モンラッシェなどのもろい山羊のチーズ 1 ポンド
- ½ カップ エクストラバージン オリーブ オイル; プラス
- エクストラバージンオリーブオイル 大さじ 1
- 挽きたての黒コショウ

方向

a) 新鮮なブドウの葉を氷水に少なくとも 30 分間浸します。使用前に軽くたたいて乾かしてください。使用している場合は、ブラインでパックされた葉をすすぎ、軽くたたいて乾かします。

b) チーズと大さじ 1 の油を混ぜ合わせます。脇に置きます。ブドウの葉から茎を取り除きます。

c) 残りの 1/2 カップの油を浅い皿に注ぎます。1 葉のくすんだ裏側を油に浸します。油を塗った面を上にして葉を作業面に置きます。大さじ 1 杯のチーズ混合物を葉の中央に置き、コショウをたっぷりとすりつぶします。

d) 四角になるようにチーズの上に葉の側面と上下の端を折ります。継ぎ目を下にしてきれいなプレートに置きます。残りの葉で繰り返します。

e) 中火の炭火で、継ぎ目を下にして、葉が明るい緑色でなくなり、きれいに切り目が入るまで、約2分間グリルします。ひっくり返して反対側も2分ほど焼きます。または熱源の近くで焼きます。16枚の葉ができました。

87. イタリアの焼きチーズ

収量: 4人前

材料：

- 4切れのイタリアのパン; 厚さ1インチ
- モッツァレラチーズまたはプロボローネチーズ 4枚
- 卵3個
- 牛乳 $\frac{1}{2}$ カップ
- $\frac{3}{4}$ 小さじイタリアンシーズニング
- 小さじ $\frac{1}{2}$ ガーリックソルト
- $\frac{2}{3}$ カップ イタリアン風味のパン粉

方向

a) パンの各スライスに3インチのポケットを切ります。各ポケットにチーズのスライスを入れます。ボウルに卵、牛乳、イタリアンシーズニング、ガーリックソルトを入れて泡立てる。パンを両面2分間浸します。パン粉をまぶす。

b) 油を熱した鉄板で両面がきつね色になるまで焼きます。

88. オープチーズとトマトのサンドイッチ

収量: 3 人前

- 厚さ 1 インチの丸い有機食パン 3 枚
- 1 トマト; 厚さ 1/2 インチにスライス
- 6 スライス ホワイト チェダー チーズ。三角に切る
- 塩; 味わう
- 挽きたての黒コショウ; 味わう

方向

a) 丸パンをオーブントースターで焼きます。食パンの上にチェダーチーズをのせる。

b) チーズがとろけるまでオーブントースターで焼きます。

c) トップ チーズ トマト スライス。塩、こしょうで味をととのえる。仕える。オープンサンドが 3 個できます。

89. サワードウ トマト、レット&ブルチーズ

収量: 4人前

材料:

- 1つの大きな赤いビーフ ステーキ トマト; スライスされた
- 大きなイエロー ビーフステーキ トマト 1個; スライスされた
- レッドバミューダオニオン 1個; スライスされた
- $\frac{1}{4}$ カップ オリーブオイル
- 乾燥オレガノ 大さじ 2
- 塩; 味わう
- 挽きたての黒コショウ; 味わう
- 1 サワードウ サンドイッチ ローフ; スライスされた
- バター; 室温で
- 2 大さじ 新鮮なローズマリーの葉; みじん切り
- 挽きたての黒胡椒
- 1束のルッコラの葉; よく洗った
- 8 オンスのブルーチーズ。崩れた

方向

a) トマトと玉ねぎのスライスに油を塗り、オレガノをふりかけ、塩、こしょうで味を調える。野菜の両面をこんがりと焼き色がつくまで手早く焼きます。サワードウのスライスをトースターまたはブロイラーでトーストします。

b) トーストに柔らかいバターを薄く塗り、バターを塗った食パンに刻んだローズマリーを散らし、ブラックペッパーを軽くふる。

c) トーストしたサワードウの半分に、ルッコラの葉、グリルしたトマト、タマネギを重ねてサンドイッチを作ります。中身の入っていないパンは、サンドイッチのトップ用に取っておきます。砕いたブルーチーズを野菜の上に広げ、ブロイラーの下でオープンサンドイッチをすばやく実行します.

d) トーストしたパンをもう一枚トッピングしてサーブします。

90. ポトベローポボーイズ

4つのポーボーイを作ります

材料：

- オリーブオイル 大さじ 3
- ポートベロー マッシュルーム キャップ 4 枚、軽くすすぎ、軽くたたいて乾かし、1 インチの小片に切る
- ケイジャンシーズニング 小さじ 1
- 塩と挽きたての黒胡椒
- ^{1}ビーガンマヨネーズ ／4 カップ
- 横に半分に切った皮付きのサンドウィッチ ロール 4 個
- 完熟トマト 4 切れ
- 千切りロメインレタス 1.5 カップ
- タバスコソース

方向

a) 大きなフライパンで、油を中火で熱します。きのこを加え、焼き色がついて柔らかくなるまで約 8 分間調理します。

b) ケイジャン シーズニングと塩こしょうで味を調えます。脇に置きます。

c) それぞれの切り口にマヨネーズを塗る。

d) 各ロールの底にトマトのスライスを置き、細切りレタスを上に置きます。きのこを並べ、好みでタバスコをふりかけ、残り半分をのせて出来上がり。

91. すきなバーガーサンドイッチ

サンドイッチ 4 個分

材料：

- 水 1/4 カップ
- 中挽きのブルガー 1 カップ
- 塩
- オリーブオイル 大さじ 1
- 赤玉ねぎ 1 個（みじん切り）
- 1/2 中程度の赤パプリカ、みじん切り
- (14.5 オンス) つぶしたトマト缶
- 砂糖 大さじ 1
- イエローマスタードまたはスパイシーブラウンマスタード 大さじ 1
- 醤油 小さじ 2
- チリパウダー 小さじ 1
- 挽きたての黒コショウ
- 横に半分に切ったサンドイッチ ロール 4 枚

方向

a) 大きな鍋で、強火で水を沸騰させます。ブルグルをかき混ぜ、水に軽く塩を加えます。ふたをして火からおろし、ブルガーが柔らかくなり、水が吸収されるまで、約 20 分置きます。

b) その間、大きなフライパンで油を中火で熱します。玉ねぎとピーマンを加えて蓋をし、しんなりするまで約 7 分煮る。トマト、砂糖、マスタード、醤油、チリパウダー、塩、黒こしょうを加えて味を調えます。頻繁にかき混ぜながら、10 分間煮ます。

c) ブルガーの混合物を各ロールの下半分にスプーンでかけ、残りの半分を上にしてサーブします。

92. マフレッタサンドイッチ

サンドイッチ 4 個分

材料：

- 刻んだカラマタ オリーブ 1 カップ
- みじん切りにしたピミエントを詰めたグリーン オリーブ 1 カップ
- 刻んだペパロンチーニ（ピーマンのピクルス）1/2 カップ
- 瓶詰めロースト赤ピーマン 1/2 カップ
- ケッパー 大さじ 2
- ネギ 3 本、みじん切り
- みじん切りにしたプラムトマト 3 個
- 新鮮なパセリのみじん切り 大さじ 2
- 乾燥マジョラム 小さじ 1/2
- 乾燥タイム 小さじ 1/2
- オリーブオイル 1/4 カップ
- 白ワインビネガー 大さじ 2
- 塩と挽きたての黒胡椒

- 横に半分に切った皮付きのサンドウィッチロール 4個

方向

a) 　　中くらいのボウルに、カラマタ オリーブ、グリーン オリーブ、ペパロンチーニ、赤ピーマン、ケッパー、ねぎ、トマト、パセリ、マジョラム、タイム、オイル、酢、塩、黒胡椒を混ぜ合わせます。脇に置きます。

b) 　　サンドウィッチロールの内側の一部を引き出して、フィリングのスペースを作ります．フィリング混合物をロールの下半分にスプーンで入れ、軽く詰めます。残りの半分のロールを上に乗せてサーブします。

おかず

93. トマトスープ

4人前

材料:

- バター 大さじ1
- 玉ねぎ1個、みじん切り
- にんにく1片（みじん切り）
- 小麦粉小さじ $1\frac{1}{2}$
- チキンまたは野菜のスープ 3カップ
- 14オンスの缶詰のトマト
- ローリエ1枚
- 塩
- 黒コショウ
- バジルペスト 大さじ2
- 生クリーム 大さじ1〜2
- 小さくちぎった生バジルの葉 8〜12枚

方向

a) 厚底の大きな鍋にバターを溶かし、玉ねぎとにんにくを加えて弱めの中火で、柔らかくなり、きつね色になるまで炒めます。

b) 小麦粉をまぶして約 1 分間かき混ぜながら調理し、スープを注ぎ、トマトとそのジュースを加え、月桂樹の葉、塩、コショウで味を調えます。沸騰したら弱火にし、蓋をして 15～20 分弱火で煮る。

c) 月桂樹の葉を取り除き、廃棄します。スロット付きスプーンを使用して、スープの固形物をフードプロセッサまたはブレンダーに移し、ピューレにします。滑らかな混合物になるように、必要なだけ液体を加えます。ピューレを鍋に戻し、残りの液体と混ぜ合わせます。

d) 温めて、ペストを加え、味付けをして、サーブします。各ボウルにクリームの霧雨または生クリームの小滴を飾り、新鮮なバジルの葉を散らします。

94. ズッキーニと夏かぼちゃのピクルス

約4クォートの瓶を作ります

材料:

- バーベキュー バーガーやツナ メルトなど、全米の夏にぴったりの料理と一緒にどうぞ。
- 4〜5ポンドのズッキーニまたはサマースカッシュ（任意のサイズ）、1/4〜1/2インチのスライスまたはチャンクにカット
- 白ねぎ6個、縦にスライス
- ピーマン1個（みじん切り）
- 1赤パプリカ、みじん切り
- スライスしたにんにく5片
- ½カップの粗塩
- 粗く砕いた氷 約3カップ
- ブラウンシュガー5カップ
- りんご酢3カップ
- マスタードシード 大さじ3
- ウコン 大さじ1
- セロリの種 大さじ1

方向

a) 反応性のない大きなボウルまたは鍋で、ズッキーニ、玉ねぎ、ピーマン、にんにくを塩と氷と混ぜ合わせます。よく混ぜて3時間放置。野菜から液体を排出します。

b) 重くて大きな非反応性の鍋で、水気を切った野菜をブラウン シュガー、りんご酢、マスタード シード、ターメリック、セロリ シードと混ぜ合わせます。

c) 沸騰するまで一緒に加熱します。滅菌済みのジャーにひしゃくで入れ、ジャーの指示に従って密封します。

95. 甘酸っぱ焼きピーマン

約 2 杯分

材料：

- 赤パプリカ 3 個、または赤パプリカ 2 個と黄パプリカ 1 個
- マイルドな白ワインまたは赤ワインビネガー 大さじ 2 程度
- にんにく 1 片（みじん切り）
- 小さじ 1 砂糖 塩

方向

a) ガスコンロの上またはブロイラーの下で直火でピーマンをローストします。

b) ピーマンを熱源の近くに置き、調理しながら回転させ、均等に焦げ目をつけます。

c) ピーマンを火から下ろし、ビニール袋またはボウルに入れます。密閉するか、しっかりと覆い、少なくとも 30 分間蒸らします。蒸気がピーマンの果肉から皮を分離します。ペッパーはバッグやボウルに一晩入れておくことができます.

d) ピーマンは黒焦げの皮をむき、ヘタと種を取り除く。黒い焦げた物質の小さな破片のほとんどを、流水の下に置き、あちこちこすり洗いします。黒くなった皮の斑点や、

皮をむいていないコショウの部分が残っていても問題ありません。

e) ピーマンをスライスし、酢、にんにく、砂糖、塩ひとつまみ、水大さじ1と一緒にボウルに入れます。しっかりと蓋をして、少なくとも1日冷やします。

96. チャツネマスタード

$\frac{1}{2}$カップになります

材料：

- $\frac{1}{4}$カップのマイルドなディジョンまたは全粒マスタードと1カップのマンゴー チャツネ

- 小さじ$\frac{1}{2}$カレー粉

方向

a) すべてを組み合わせる。
b) 楽しみ。

97. エシャロットとチャイブマスタード

$\frac{1}{4}$カップになります

材料:

- マイルドディジョンマスタード $\frac{1}{4}$ カップ
- 細かく刻んだエシャロット 1〜2個
- 新鮮なチャイブのみじん切り 大さじ2

方向

c) すべてを組み合わせる。
d) 楽しみ。

98. フレッシュジンジャーマスタード

約$\frac{1}{4}$カップになります

- マイルドディジョンマスタード 大さじ 2
- 全粒マスタード 大さじ 2〜3
- すりおろしたばかりの皮をむいたショウガ 小さじ 1〜2 杯

方向

a) すべてを組み合わせる。
b) 楽しみ。

99. 柚子胡椒風味マスタード

約 $\frac{1}{4}$ カップになります

材料：

- マイルドディジョンマスタード $\frac{1}{4}$ カップ

- 細かくすりおろしたレモンまたはライムの皮 小さじ $\frac{1}{2}$

- 小さじ 1〜2 杯の新鮮なレモンまたはライムジュース

方向

a) すべてを組み合わせる。
b) 楽しみ。

100. 赤唐辛子とガーリックを絡めたスパイスマタード

約 $\frac{1}{4}$ カップになります

材料：

- マイルドディジョンマスタード 大さじ 3
- 細かく刻んだローストレッドペッパー 大さじ 1
- 細かく刻んだにんにく 1 片
- ハーブ・ド・プロヴァンスの大きなピンチ

方向

a) すべてを組み合わせる。
b) 楽しみ。

結論

質素なグリルドチーズは、私たちが子供の頃に大切にしてきた食べ物の1つですが、なぜそれが私たちの味覚をこれほどまでに支配するのか、あまり考えたことがありません。...それは、5番目のフレーバーであるうま味、特にグリルドチーズサンドイッチの独特の風味を体験するために味蕾をくすぐるアミノ酸のおかげです!

www.ingramcontent.com/pod-product-compliance
Lightning Source LLC
Chambersburg PA
CBHW070509120526
44590CB00013B/791